王更生著

王更生先生全集 第一輯

第十八冊 王更生自訂年譜初稿

文史哲出版社印行

王更生先生全集 第一輯

第一冊 文心雕龍研究
第二冊 文心雕龍讀本上
第三冊 文心雕龍讀本下
第四冊 文心雕龍導讀
第五冊 文心雕龍范注駁正
第六冊 文心雕龍新論
第七冊 文心雕龍管窺
第八冊 歲久彌光的「龍學」家
第九冊 臺灣近五十年文心雕龍研究論著摘要
第十冊 晏子春秋研究
第十一冊 中國文學的本源
第十二冊 韓愈散文研讀
第十三冊 柳宗元散文研讀
第十四冊 歐陽脩散文研讀
第十五冊 蘇軾散文研讀
第十六冊 曾鞏散文研讀
第十七冊 更生退思文錄
第十八冊 王更生自訂年譜初稿

王更生先生全集 第一輯 18冊

第十八冊 王更生自訂年譜初稿

著　者：王更生
出版者：文史哲出版社
http://www.lapen.com.tw
登記證字號：行政院新聞局版臺業字五三三七號
發行人：彭正雄
發行所：文史哲出版社
印刷者：文史哲出版社
臺北市羅斯福路一段七十二巷四號
郵政劃撥帳號：一六一八〇一七五
電話886-2-23511028．傳真886-2-23965656

定價新臺幣 8000 元

中華民國九十九年（2010）八月十二日初版

ISBN 978-957-549-917-4　08991

王更生自訂年譜初稿

目次

壹、譜例

一、緣起：我因國內長期戰亂，地方盜匪橫行；幼即離家出外，長而奔走四方。今父母棄養，親故無存；子女又散居各地，聚少離多。自民國三十七年（西元一九四八年）五月，渡海來台後，似水流年，忽忽已逾半個多世紀，自覺垂垂已老，盛年難再；思及先聖所以「修身齊家」，「慎終追遠」者，不謂無因，故有《王吏生自訂年譜初稿》（以下簡稱「年譜」之撰。

二、過程：本《年譜》撰寫之動機，蓋起於民國九十年（西元二〇〇一年）八月，決定在中國大陸浙江省嘉善縣西塘鎮之大舜鄉「綠苑」購地建屋之時。此地扼松滬咽喉，處上海郊區，爲蘇、杭、昆山之管轄。附近土地平曠，交通便捷。臨太湖，面呂江，綠野盈疇，碧水接天，楊柳飛花，漁舟唱晚；向稱吳中之勝境，息養之仙都也！平居可安身立命，耕讀傳家；作守先待後之據點。於是憶往察來，將生平遭遇之可供子孫借鑑者，分項鉤稽。此雖屬個人瑣事，但亦可於其中體悟世態之炎涼，人情之冷暖，以突顯寄身海嶠，創業維艱之事實。並殷望子孫知前人之所以垂後，後人之所以報本，而飲水思源也。

三、內容：本《年譜》之內容，依性質分為〈譜例〉、〈族訓〉、〈世系〉、〈紀實〉與〈附錄〉等五類。除〈譜例〉一項，在此已有記述，不另說明外；他皆分別言之。

四、譜訓：「譜訓」者，蓋人生天地間，應本已立立人，已達達人之精神，服務社會，造福桑梓。「訓」中藉易於記誦之四言韵語，告我子孫為人處世之基本觀點，作而後立身行事之準繩；切勿視其為河漢而輕忽之。

五、世系：「世系」者，家族統系之謂也，因我自幼離家出外，加以父歿母卒，對祖先近親，家族世系，多茫然不曉，不得已，茲僅就及身可見可知者，從「鴻」字輩開始，經「更」字輩，「豎心」輩，到「海」字輩。前後四代相承，泐為一表，以見我家族子孫，今後將繼繼繩繩，綿衍無盡也。

六、紀實：「紀實」者，記〈年譜〉作者王更生、祁素珍夫婦，與其父母、子女、親戚、明儕以及學生、故舊間，彼此互動之關係。其中又分四個部分：第一部分，鄉里及家庭圖片；第二部分，王更生生平及略歷；第三部分，王更生從教與著述；第四部分，王更生生平紀要。後人藉此四部分，可知其輾轉遷徙，克服萬難，忍辱蒙垢，和決心遠離軍政職務，專門從事教學研究之心跡。後人如從字裡行間，以設身處地之同理心，來想像其當時之哀、樂、窮、愁、飢寒無告之慘況；和二人同心，共創家庭之辛酸歲月；爾等更應毋怠毋惰，自立自強，爲國家、爲社會，做一個有用之人。

七、附錄：本《年譜》之末，附錄了由方元珍博士、林淑雲博士彙集多方資料而成的〈王更生指導的博、碩士研究生芳名錄〉。人生在世，蓋受兩大因素之影響，然後才有立足社會，造福人群之可能。首爲「血統」的因素；次爲「學統」的因素。「血統」即父母子女間的世代遺傳，「學統」指老師學生間的薪火延續。二者關係密切，影響深遠。深願經我指導而榮獲學位，目前又在工作崗位服務的王們諸學友，皆能秉持教學相長之精神，本承先啓後，繼往開來的古訓，彼此互勉互助，達成學問濟世之崇高目標。

王更生書於二〇〇七年母親節後一周。

貳、族訓

四言十二句韻語，期望家族成員互信互勉，並做爲新生代命名的參考。今後無論走到那裡，做什麼事業，都要牢記在心，不要忘記祖先的諄諄告誡。

族訓

鴻。出。豫。東。，更。生。臺。澎。
豎。心。做。記。，四。海。齊。同。
肅。恭。節。文。，華。實。相。成。
忠。孝。為。本。，敦。品。勵。行。
詩。書。傳。家。，友。愛。親。朋。
天。保。祖。祐。，福。祿。永。弘。

參、世系

（一）王鴻祿　劉蘭英

（二）王更生　祁素珍

（三）
- 王愷（長男）　劉幼華
- 王憬（長女）　艾丹尼爾（美籍）
- 王恆（次女）　何文基（新加坡籍）

（四）
- 王海文（長女）、王海武（長男）、王海英（次女）
- 艾佳豫（長女）、艾欣豫（次女）、艾沛豫（三女）
- 何王均（長女）

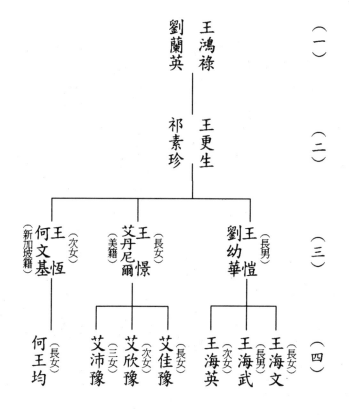

王更生自訂年譜初稿

肆、紀　實

第一部分：鄉里暨家庭圖片

一、河南省圖
二、汝南縣圖
三、官莊鎮圖
四、家庭照片

第一部分：鄉里版圖暨家庭照片

（一）河南省行政督察區域

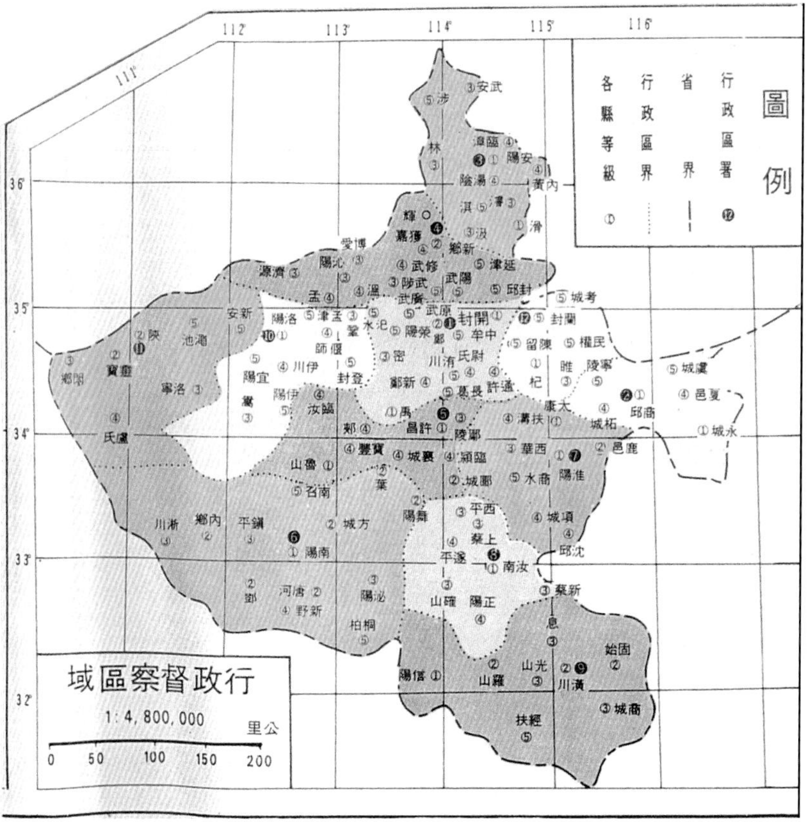

（二）汝南縣全圖

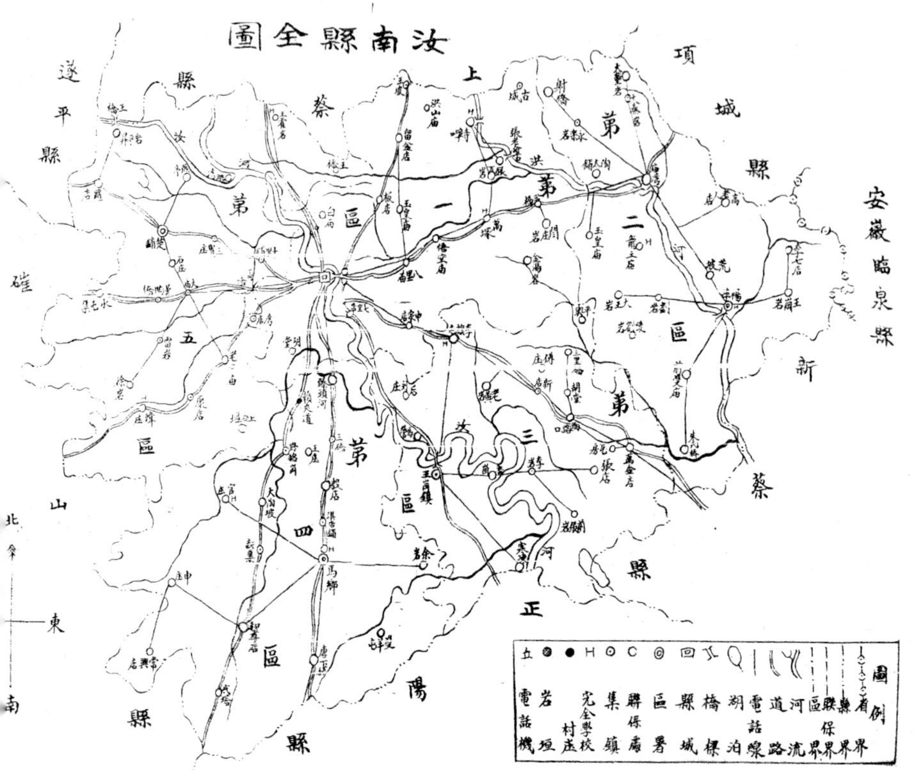

汝南縣全圖
上蔡縣
項城縣
安徽臨泉縣
新蔡縣
正陽縣
確山縣
遂平縣
第一區
第二區
第三區
第四區
第五區
汝河
洪河
北
東
南
圖例
省界
縣界
聯保界
區界
河流
道路
電話線
湖泊
橋樑
縣城
區署
聯保處
集鎮
完全學校
村莊
岩垣
電話機

（三）第四區官莊鄉圖

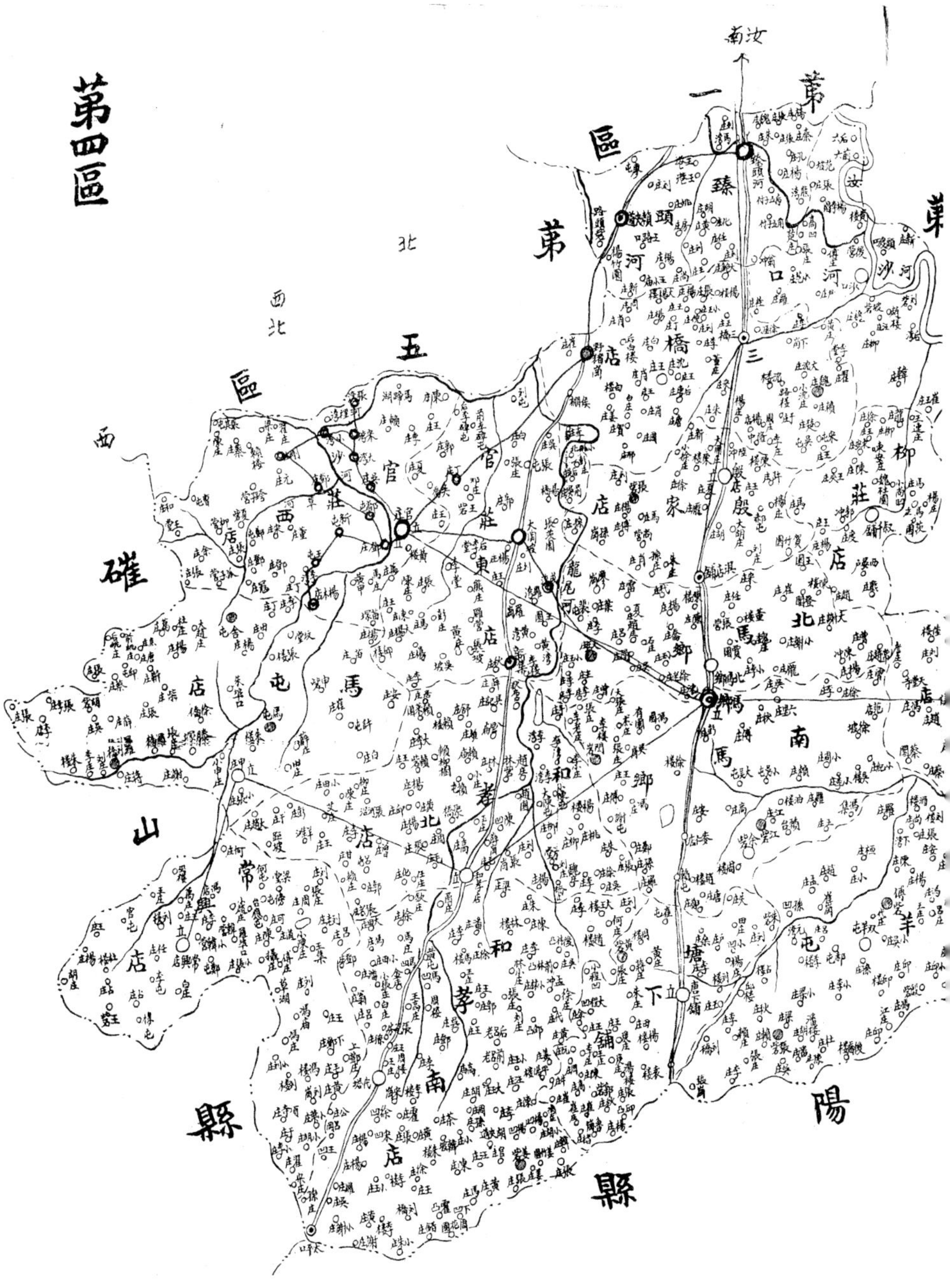

(四) 家族親友照片

民國四十三年(西元一九五四年)九月五日我倆在台灣台北結婚,並在中華路二段「同慶樓」宴請諸親友。這幀結婚照,是當天上午於台北市重慶南路一段「國際藝術人像公司」拍攝。

這張「全家福」,期望好多年,才把大家湊在一塊兒,除我倆外,靠素珍後面並立的是王愷、劉幼華夫婦,左邊是他們的一子兩女,站在後面的是王海文,海文前面是王海武,海武前面是王海英。在我後面的是王恆。靠王恆右邊並立的是艾丹尼爾和長女王憬夫婦,靠王憬站的是長女艾佳豫,次女艾欣豫和艾沛豫。全家歡聚一堂,其樂融融,感謝天地親宗的保佑,讓我有一個溫馨可愛的家庭。

次女王恆一家三口,在台灣聚會時攝。何文吉服務於新加坡,學半導體,有專長。王恆原在台北市滬江高中教文書管理,近因小孩何王均年行漸長,體悟幼兒教育重要,於是放棄工作,專心擔任全職媽媽,王均聰慧伶俐,其好學不倦之精神,令人欣慰。

我的母親劉氏諱蘭英，家貧失學，聰慧過人，來歸後，相夫教子，艱苦備嘗，我這一生如果還有一點兒成就，都得力於母親的教誨，民國七十八年（西元一九八九年）正月初九日病逝於河南省汝南縣官莊鄉祖宅，驚聞噩耗，悲慟欲絕。

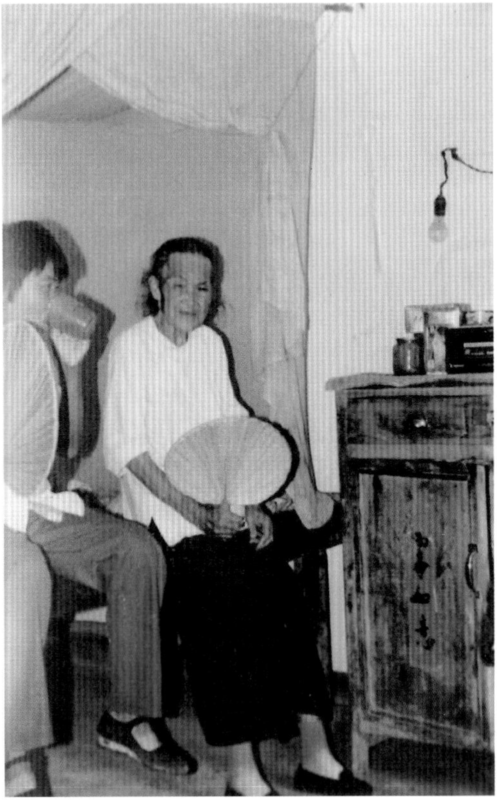

時逢盛夏，暑熱迫人，母親和小妹並坐床沿上閒話，兩人右手執扇，小妹左手持杯飲水，靠牆條桌上置收錄音機一檯，母親面帶愉悅的表情，似在靜聽遠方傳來的訊息。

民國七十四年（西元一九八五、八六），我在香港浸會大學中文系任客座教授，曾接母親來港小住。某日午後，日已西斜，溫暖宜人，我和母親在住宅樓下公園小憩，母親安祥的坐在籐椅上，我奉侍在側，攝得此幀親子相依的照片。

這是我岳父母的照片，岳父祁玉樹老先生，岳母劉氏。我妻素珍是他們唯一的掌上明珠，因國共內戰，未能來台，數十年來，妻朝思暮想，即至返鄉路通，則又雙雙與世長辭，天人永隔，不勝悲悼！

前坐的二老，是岳父祁玉樹老先生的大房和二房，大房在右，二房居左，大房即我妻素珍的母親，站在二老身後的一男三女，皆二房所生。最左邊的是淑芳，站在大鄭兩邊的，右爲淑華，左爲小毛，是大鄭的太太。此片攝於民國七十年（西元一九八一年）十月七日。

我倆於民國四十三年（西元一九五四年）九月結婚後，次年六月長子王愷出生，周歲後，我和妻共同推著娃娃車，在樹林中學校園內花木蓊鬱處散步。當時陽光灑滿大地，樹影斑駁，和風吻面，攝得此幀。

我妻於民國四十七年（西元一九五八年）八月應蘭陽女中聘，至宜蘭任教。寒假，我倆偕三子到羅東公園嬉春，站在鞦韆上的是小兒王愷，坐在鞦韆踏板上的是長女王憬，抱在懷裡的是次女王恆，我妻以高超的技術，攝得此一動人的畫面。

劉載新老先生是我妻的六舅，也是我國立第十中學附屬師範部主任，教「三民主義」的老師，更是撮合我倆婚姻的大紅葉，我和妻在台灣的生活、工作都得到他無微不至的關照。六舅全家因移民美國，今後將聚少離多，我和妻以及次女王恆相送於中正機場，我在旁舉鏡相照，拍得我妻和王恆與六舅依依話別的情形。

六舅移民美國有年，某年暑假，我和妻去美國西雅圖探望長子王愷，便中特別買票經舊金山轉洛杉磯到家看望六舅全家。午飯過後，在客廳落坐閒話別來種種，不勝依依！妻和我坐在沙發兩頭，中間偏左的是六舅，和六舅並坐的是六舅母。

祁玉章老先生是我妻的二叔，旁二叔坐的是二嬸張靜怡女士，前排最左邊的是二叔的兒子大崐，後立最右邊的是大崐的太太美華。其他一女二男是大崐、美華的三個兒女。二嬸已於前年仙逝，二叔年已九十八，耳聰目明，神清氣朗，現居台北。這是民國七十一年（西元一九八二年）春節在寓所拍的。

這是我妻的五叔和五嬸，五叔在大陸甘肅玉門市任石油公司的工程師，五嬸任小學校長。民國八十一（西元一九九二年），我和妻搭機專程去玉門探望。叔嬸在客廳相迎，並以應時瓜果勸用。這幀合照就是當時拍下的。現在五叔已於多年前往生，五嬸走依兒子祁誠於上海。

民國三十六年（西元一九四七年）冬，我妻於國立第十中學師範部修業期滿，即將離校實習的前夕，全班同學和校長、老師合影留念。前排偏左兩位女生，最外邊坐的是徐文琴，接著即我妻祁素珍。素珍以下，向左第一位是師範部主任劉載新先生、其次張卜麻教務主任、再是校長韓瑞堂先生，校長左邊，坐的是袁師緒先、孟師明齋、張師教寬、和潘師燦然。後面兩排皆同班同學，中間一排最左靠邊的是趙鴻賓，由趙向右，第二人即賀子恩，在本書「重要紀事」中曾提到過他們兩位。

高師仲華八秩嵩慶，及門第子暨諸親好友皆稱觴相賀。我和同門師兄黃慶萱教授（左）、王關仕教授（右）三人隨侍於先生旁，拍得此幀。今先生已辭世多年，回念既往執禮問學之種種，其溫良謙和、循循善誘之道範，尚令人低迴不已也。

這是民國五十四年（西元一九六五）五月某日，在師範大學禮堂正門前爲歡送座中教我們曲學的汪經昌老師，赴南洋大學講學拍的一張照片。當時我讀國文研究所碩士班二年級上期。前排坐的師長，由左而右算起，左一是程主任發軔，次爲高師仲華、中坐者爲曲學老師汪師經昌，次爲國研所所長林師景伊，最左靠邊坐的是教詞選的聞師汝賢，當時舊遊，大多垂垂已老，而五位師長亦已遷化多年，淚眼思往，愴然涕下。

民國八十七年（西元一九九八）年七月廿日同門師弟及友好在台北市中山北經晶華大飯店，爲我七十歲生日暖壽，當日群彥咸集，聲光映輝，說不完的往事，道不盡的情懷，自早至晚，歡欣談讌，留下「我與妻」及與全體參與盛會的師弟友好合影留念，今念舊遊，尚歷歷在目也！

民國六十二年（西元一九七三年）四月，中華民國國家博士聯誼會一行約二十人，由青年救國團資助，作台灣環島之旅，我偕妻參加，途經海拔二千公尺以上的梨山，遠眺巒青谷黛，近依綠樹迎春，和風拂面，好花飄香，不僅心曠神怡，攝得此幀，以誌永念！

民國六十二年（西元一九七三年）膺任德明商專校長後，董事長鄭彥棻先生特邀台灣師範大學校長張宗良先生和我的恩師李曰剛先生來校視導並演講，這張照片，就是在兩位貴賓巡視校園後，於教學大樓正門前和本校各處室主管的合影，中立而穿中山裝者，是鄭董事長彥棻，右一是師大校長張宗良先生，張校長右側是李師曰剛。我立於鄭董事長的左側，過來是人事室黃主任嘉賓、訓導主任陳光憲和出納主任陳耀江。

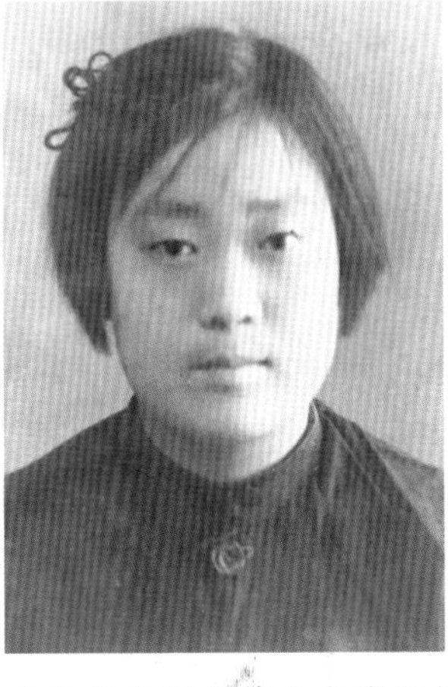

我和妻在國立第十中學師範部同窗共學的三年中，最要好的朋友就是王淑珍，兩岸互通後，我倆曾去大陸西安探望，幸運的是她家庭美滿，子女有成，身強體健，精力旺盛，不減昔日丰采，我倆懸念數十年的一顆心，總算定了下來。這張多方難覓的照片，就值得珍藏了。

自民國四十七年到五十二年（西元一九五八年——一九六三年）在師範大學國文系就讀時的同窗好友，大多聚少離多，不易晤敘，此次到台北市附近風景區名「貓空」者，飲茶話舊後，在「清泉茶園」旁的小丘上，攝影留念，日月逾邁，回首舊遊，又不知今日大家星散何處矣！

民國九十四年夏（西元二〇〇五年），同窗好友鄭伯達夫婦、梁鎮亞先生、劉興文夫婦、顧大我、顏元貞夫婦，和我與素珍，同在上海近郊西塘的「綠苑別墅」遊賞「苑」區建設，欣喜若狂，以爲碧瓦粉牆，映眼翠綠，既可安身，亦可養生，眞人間樂土也。午飯過後，大家在顏元貞家客廳一角，留下珍貴的倩影。

我於香港浸會大學任教時，得兩摯友，常相餐敘，以慰客居寂寥。在我身左的是張世傑先生，時任調景嶺中學校長，身右的是廖健強先生，任中文大學圖書館編目組主任，這是我搭機返台前，在「啓德機場」通關處留下此一富有紀念性的照片。

海峽兩岸因内戰關係，不相往來者半個世紀。民國七十八年（西元一九八九年）開放探親後，第一次由通信而晤面的摯友，就是吉林長春的趙則誠和張銘淑夫婦。尤其銘淑和我妻更建立了深厚的友誼，多年來，推心置腹，肝膽相照。這是民國八十一年（西元一九九二年）乘去長春開會之便，在趙先生家午餐後，攝於其客廳的一張照片。

民國八十年（西元一九九一年）五月在日本九州大學國際會議廳，參加「國際文心雕龍研討會」，並發表「龍學研究在台灣」一文，會後在講台前，近「海報」處，與友人合照。「海報」左邊第一位是黃師錦鋐，依次是馬白先生和岡村先生，在二人身後是笠征先生（劉三富），「海報」右邊的第一位是九州大學文學院長町田三郎先生，再是韓國學者、第三位爲北大教授張少康先生。

民國九十四年（西元二〇〇五年）四月參加由日本福岡大學召開的「文心雕龍國際學術研討會」，並發表論文。會後與參加會議的全體好友在會場內合照。前排中坐者爲岡村繁教授，由此向左依序是王運熙先生、林其錟先生、劉文忠先生、林中明先生，向右依序是笠征先生、錢永波先生、王更生、張少康先生，岡村教授後面，因人多，恕不一一說明。不過這次主辦人員除笠征先生外，出力最多的是站在第二排右二的連清吉教授，現任教於日本長崎大學。

第二部分：王更生生平及略歷

一、譜主生年

姓王名更生，父母賜名福星，入學後，學名應畋，來台後，改用今名。出生於中華民國十七年（西元一九二八年）七月二十日。因少小離家，父母忙於生活，平時亦不言兒女生日或過生日，所以譜主的生年，也許是十八年（一九二九年）。

二、譜主世系

父諱鴻祿，母劉氏諱蘭英，據幼時接聞於家父，家本朱姓，祖父早卒，子幼弱，為活計，祖母攜幼子，再嫁於汝南縣官莊鎮西北小灣王姓家。我幼少時，父母便少與小灣王家往來，所以只知有祖母，不知有祖父，亦不知祖母未再嫁前的實際情形。

三、譜主婚姻

（一）譜主王更生於中華民國四十三年（西元一九五四年）九月五日在台灣台北縣立樹林中學任教時，和祁素珍小姐結褵。

（二）祁素珍小姐，河南省修武縣王里長屯人，中華民國十八年（西元一九二九年）十二月二十五日生。家庭富有，世代書香，國立第十中學師範部畢業。台灣省教育廳中等學校工藝科教師檢定合格。中華民國三十九年（西元一九五〇年）來台後，先擔任台北縣瑞芳鎮金瓜石瓜山國民小學教師。以後又改任金瓜石私立時雨中學教師。中華民國四十三年來歸後，即辭去現職。四十七年任宜蘭縣省立蘭陽女子中學教師兼女生指導員，四十八年經教師檢定合格後，專教家事，五十三年八月，又應聘爲台北市立復興高中工藝教師，直至退休。

四、譜主子女

譜主王更生自與祁素珍小姐結褵後，育有一子二女。長子名王愷，長女王憬，次女王恒。

王愷與劉幼華在台灣結婚，育有一子二女，長女海文，長子海武，次女海英。

王憬與美籍猶太人艾丹尼爾先生在美國奧勒岡結婚，婚後育有三女：長女艾佳豫，次女艾欣豫，三女艾沛豫。

王恒與新加坡籍華人何文吉先生在台灣結婚，婚後育有一女，名小英，又暱稱皮皮或小乖乖，學名何王均。

五、譜主籍貫

祖籍：河南省汝南縣官莊鄉（鎮），寨內西北角，靠老街附近。

寄籍：中華民國台灣省台北市和平東路二段一一八巷四弄二十九號三樓。

中華人民共和國浙江省嘉善縣西塘鎮大舜鄉鴉雀村綠苑。

官莊鄉（鎮）內西北角土地公廟西邊約二百公尺，住有一處姓張的大戶人家。我父幼被其繼父趕出家門，孤苦無依。為謀生計，先租張家後宅院過車門的左邊一間房子，那就是我的出生地。父親先以挑河水賣，在茶館賣茶為生，和我母親結婚後，改做小本生意，賣些鹽、糖、石膏、紙等雜貨；有時農忙，去大戶人家田裡打短工。到我長到十歲左右，家境稍有改善，父親省吃儉用，將積蓄所得，買下靠近原住家路南空地，約五、六畝，中有池塘一座，周邊圍以土牆，就在靠西牆部分蓋三大間磚瓦房，靠北邊蓋兩間廚房，我在民國三十七年（西元一九四八年）四月由鄭州返家，準備隨軍開赴台灣之前，回鄉探望父母時，家已由原租張家大院的舊屋，搬進新蓋的房子，目前這所祖宅，爲了報答小妹和其夫婿，對我母親多年的孝養，已由我以書面信函，允許小妹和他夫婿胡喜居住。我母親就在這所新宅內的正房過世。

六、譜主親戚

因爲譜主家貧，父母日常三餐難繼，加以父親被其繼父趕出家門後，鄰舍多勢利，經常受人青白。所以我自幼除和附近人家同齡的兒童作玩伴外，多不知還有什麼近親遠戚。除父母至親外，記得最愛我的是姥姥、姥爺（即外祖父母），目前均已過世。沒有兄弟，家中我是長男。有幾個妹妹，其中只有人妹妹王美英，二妹妹王梅芳，因兒時曾一起生活，熟悉，有感情，其他皆因國共內戰，海峽長期阻隔，彼此毫無印象；雖然自中華民國七十九年（西元一九九〇年）開放探親，由於父親被紅衛兵鬥爭慘死，娘親又已棄養，缺少親人居間協調聯繫，彼此雖有書信往還，和兩次返鄉探親的機緣，但始終和其他妹妹難以建立親情關係。

大妹妹王美英嫁到黃河以北溫縣的農家，一直沒見過面。二妹妹王梅芳嫁給北京劉樹生先生，原在工廠做工，目前已退休，曾於民國七十九年（西元一九九〇年）正月返鄉探親時，在北京見面。

劉載新：一個實幹苦幹的平民教育家，是我太太的六舅，實際上他也是我在國立第十中學附設師範部的主任，和教我「三民主義」的老師，我與我妻子的婚姻，都是他從旁撮合的。

郭景星：河南修武人，國立第十中學同學，本不相識，因與我妻有姻親關係，時有往來，結為知交。其人身材高挑，嗓音宏亮，有忠孝節義的傳統精神，能濟人之急，事親孝，與人忠，且嫉惡如仇。

祁玉章、張靜怡夫婦：他們是我妻的堂叔嬸，除逢年按節，我和我妻執禮問安，善盡晚輩當盡之禮外，平常來往不多，亦少知其家庭真情實況。

七、譜主學歷

七歲（民國二十三年，西元一九三四年），入鄉間私塾，從王雲清先生受業，讀《三字經》、《百家姓》、《雜字本》、《弟子規》，然後讀《論語》。

十四歲（**民國三十年，西元一九四一年**），汝南縣私立信義小學畢業。

十五歲（**民國三十一年，西元一九四二年**），汝南縣私立信義中學二年上期時，因汝南縣城被日軍佔領，失學鄉居。在同宗祖父王有道老先生開設的私塾學館讀《四書》、《五經》，兼習「書法」和「應用文」。

十七歲（**民國三十三年，西元一九四四年**），**陰曆年前後**，冒著雪大天寒之苦，和日軍嚴格管制的危險，隨游擊隊由淪陷區至大後方，入設在陝西省鳳翔縣的「軍事委員會戰地失學失業青年就學就業輔導處」，讀初中二年級上期，半學半兵，當時每天兩餐、每餐只發一個饅頭吃，營養不良。

十八歲（**民國三十四年，一九四五年**），**八月**考入國立第十中學，又轉赴甘肅省清水縣，讀該校附設的師範部一年級。

二十三歲（**民國四十年，一九五一年**），**在台灣**，參加中華民國考試院考選部全國性文官普通考試，教育行政人員及格。

二十四歲（**民國四十一年，一九五二年**），參加中華民國考試院考選部文官高等考試，教育行政人員及格。

三十五歲（**民國五十二年，一九六三年**），國立台灣師範大學夜間部國文系畢業，獲文學士學位。

三十八歲，（民國五十五年，一九六六年），國立台灣師範大學國文研究所碩士班畢業，獲文學碩士學位。

四十四歲，（民國六十一年，一九七二年），國立台灣範大學國文研究所博士班畢業，教育部博士口試委員會通過，獲得國家文學博士學位。

八、譜主經歷

民國三十八年（一九四九年）二月，始任台灣省台北縣政府地政科雇員，五月調人事室雇員。當時食不果腹，衣不蔽體，住無定所，窮苦無告，常在飢寒暗夜之際思親啜泣。生活稍獲安定。

民國三十八年（一九四九年）九月，台北縣政府委派爲台北縣瑞芳鎮鼻頭里國民小學教員。

民國四十年（一九五一年）九月，改任宜蘭縣蘇澳鎮南方澳南安國民小學教員。民國四十一年（一九五二年）九月，委派爲南安國民小學教導主任，後因校長病重住院，需長期療養，又兼代該校校長職務。

民國四十二年（一九五三年）二月，受聘爲台北縣立樹林中學國文教員兼註冊組組長。

民國四十六年（一九五七年）八月，受聘爲台北縣立淡水初中國文教員。

民國四十七年（一九五八年）八月，受聘爲台北縣瑞芳工業職業學校國文教員，後又兼任訓育組長。

民國五十年（一九六一年）八月，受聘爲台北市私立靜修女子中學國文教員。

民國五十二年（一九六三年）八月，擔任陽明山北投省立復興中學教員兼訓導主任。

民國五十五年（一九六六年）八月，受聘爲私立德明行政管理專科學校副教授兼訓導主任。

民國六十一年（一九七二年）五月，應私立德明行政管理專科學校（後改名德明商專）董事長鄭彥棻先生邀請，被聘爲該校校長。

民國六十二年（一九七三年）七月卅一日，辭私立德明專科學校校長職，改任國立台灣師範大學國文系副教授。

民國六十七年（一九七八年），教育部通過教授資格，正式改聘爲教授。

民國七十四年（一九八五年），被聘爲香港浸會大學中文系客座教授。

民國八十四年（一九九五年），被聘爲河南鄭州大學人文社會學院中文系兼任教授。

民國八十七年（一九九八年）八月起，自國立台灣師範大學國文系屆齡退休後，改聘爲兼任教授。

民國六十二年（一九七三年）九月，至六十六年七月，被聘爲私立淡江文理學院夜間部中文系兼任副教授，講授《文心雕龍》。

民國六十二年（一九七三年）九月，至六十六年七月，被聘爲中央大學中文系兼任副教授，講授《文心雕龍》、《墨子》。

民國六十六年（一九七七年）至民國九十五年（二〇〇六年）六月，在私立東吳大學任兼任教授，專門講授《文心雕龍》。

民國八十九年（二〇〇〇年）至今，在私立世新大學任中文系兼任教授，專門講授《文心雕龍》。

（至於短期出國講學，和參加國際性學術交流活動，以及因職務關係，接受的短期教育訓練或講習，均不包括在內）

第三部分：王更生從教與著述

民國三十八年（西元一九四九年），己丑，二十一歲。

任台北縣瑞芳鎭鼻頭里鼻頭國民小學教師。鼻頭在台灣北部沿海，當時，此地無水、無電、無路可走，以船運爲主，數十戶漁民，均賴捕魚爲業，生活艱苦。

民國四十年（西元一九五一年），辛卯，二十三歲。

改任宜蘭縣蘇澳鎭南方澳南安國民小學教師。

中華民國考試院全國性普通文官考試教育行政人員及格。

本年發表論文一篇，即：

〈論學校教育社會教育家庭教育的連環性〉（此文在宜蘭縣「社會教育運動週」論文比賽中，獲得第一名。）文見台北女師《國教季刊》第五期（四十一年十一月出版）。

民國四十一年（西元一九五二年），壬辰，二十四歲。

中華民國考試院全國性高等文官考試教育行政人員及格。
改任南安國民小學教導主任，同年十月代理該校校長。
本年發表論文一篇，即：
〈我對於民族精神教育的看法〉（此爲當年暑假參加「台北區國民學校教師暑期講習會」，結業時教育論文比賽第一名）文見《北師校友通訊》四十一年十二月出版、。

民國四十二年（西元一九五三年），癸巳，二十五歲。

二月，應台北縣立樹林中學聘，擔任初中國文教師兼註冊組組長。
本年發表論文四篇，即：
〈怎樣養成兒童愛國觀念〉（上下），文見《台北女師月刊》（廿期、廿一期）。
〈怎樣使兒童獲得快樂〉，文見《台北女師月刊》（廿二期）。
〈兒童偷竊行爲的研究〉，文見《台北女師月刊》（廿四期）。
〈再論兒童偷竊行爲的研究〉，文見《台北女師月刊》（廿五期）。

民國四十三年（西元一九五四年），甲午，二十六歲。

本年九月五日與祁素珍小姐在台北市結婚。
本年發表論文一篇，即：

〈樹林中學教務工作推行紀實〉，文見《台灣省教育輔導月刊》，確實出版時間失考。

民國四十四年（西元一九五五年），乙未，二十七歲。

六月十四日長子王愷出生。

同月二十日受常備兵徵召，參加入伍訓練。我妻失業在家，又要撫養幼兒，衣食無著，被樹林鎮公所列爲全鎮貧戶之一，每年逢年安節發給安家救濟金若干。我妻每天到舅舅家吃飯。

本年發表論文三篇，即：

〈完成心理建設的歷史使命〉，文見《台灣省教育輔導月刊》。

〈當前國校教師的新使命〉，文見《台灣省教育輔導月刊》。

〈漫談免試升學〉，文見《台北女師國教月刊》。

民國四十五年（西元一九五六年），丙申，二十八歲。

九月初自金門退伍，返台後，仍繼續任教於台北縣立樹林中學。此次常備兵入伍受訓，共一年四個月，在人生中，給我留下極深刻的烙印，爲以後鞭策我繼續讀書，從事學術研究的重要動力。

民國四十六年（西元一九五七年），丁酉，二十九歲。

參加台灣大專聯招入學考試，考取私立淡江英專（次年改爲淡江文理學院）商學系。

受聘爲台北縣立淡水初中國文教師，以便就近到淡江英專讀書。

我妻仍失業，教師待遇差，我讀書的學費、交通費開銷大，中午多以蔥油餅、開水充飢，躺在教室外的草地上，仰望萬里長空，思前想後，頗爲傷感，真不知明日此身又在何處！

民國四十七年（西元一九五八年），戊戌，三十歲。

參加國立台灣師範大學夜間部師資專修科入學考試，並獲錄取。自思「皇天不負苦心人」，讓我在夜校有書可讀，白天又可繼續工作，養家活口。

受聘爲台北縣立瑞芳工業職業學校國文教師兼訓育組長。

吾妻祁素珍應聘爲宜蘭縣省立蘭陽女中教師兼女生管理員。

家由台北樹林遷居宜蘭。

民國四十八年（西元一九五九年），己亥，三十一歲。

長女王憬在宜蘭出生。

本年發表論文一篇，即：

〈標準字體建議初稿的商榷〉，見師大《人文學報創刊七周年專號》（四十八年五月出刊）。

民國五十年（西元一九六一年），辛丑，三十三歲。

應台北市私立靜修女中聘，擔任高中一年級忠班國文教師。

租屋居住於台北市臨江街一八〇號樓上，節衣縮食，生活艱苦。

師大夜間部師資專修科改爲學系，延長修業年限，由原來的三年改爲五年。

民國五十一年（西元一九六二年），壬寅，三十四歲。

次女王恒出生，生活益形迫人。最重要的原因，是教師待遇太差，我每月薪俸只有新台幣三百元左右。

本年發表論文三篇，即：

〈國字新詮〉，見《國語日報．語文周刊》（五十一年六月第六九九期）。

〈我如何講授中國文化基本教材〉，見台灣省教育會出版的《台灣教育月刊》（五十一年八月出版）。

〈從論語探究孔子的天道思想〉，見《公教智識周刊》（五十一年十二月出版）。

民國五十二年（西元一九六三年），癸卯，三十五歲。

師大夜間部國文系畢業。

應陽明山北投省立復興中學聘，任訓導主任。

本年發表論文二篇，即：

《偏旁攷原》，文長二萬字。我爲了紀念自己大學畢業，寫的一篇畢業論文。當時大學沒有規定畢業生要寫論文，爲了自我砥礪，未經老師指導，自著《偏旁攷原》，文長約二萬餘字，全用毛筆楷書，文章登在師大國文學會主辦的《文風》雜誌第二期（五十二年三月出版）。

〈洛神賦與七步詩——曹子建兩首代表作的考異〉，文見《公教智識周刊》（五十二年第三、四兩期連載）。

民國五十三年（西元一九六四年），甲辰，三十六歲。

考取國立台灣師範大學國文研究所碩士班。

辭陽明山北投省立復興中學訓導主任。

應私立靜修女中聘，任國文教師。

至中興山莊革命實踐研究院黨政班第十三期受訓。

吾妻祁素珍由宜蘭蘭陽女中轉來北投省立復興中學，擔任工藝科教師。賃屋居住於北投大屯里開明街三號。

民國五十五年（西元一九六六年），丙午，三十八歲。

獲得國立台灣師範大學國文研究所碩士學位。
辭私立靜修女中國文教師。
應私立德明行政管理專科學校董事長鄭彥棻先生邀聘，擔任該校副教授兼訓導主任。
兼任師範大學國文系講師，每週講授「詩選」兩小時。
貸款購地，並自行覓工建造國民住宅一幢。
本年發表專門著作一種，即：
《晏子春秋研究》，（碩士論文，經　高師仲華指導。於民國五十五年六月完成，七月校內口試委員會考試通過。民國六十五年二月，始由文史哲出版社正式印行問世）。

民國五十六年（西元一九六七年），丁未，三十九歲。

辭私立德明行政管理專科學校訓導主任，專任該校副教授。仍兼師大國文系講師。
新建住宅落成，地點在北投區中和街杏林二路三十號，樓上樓下外加廚衛，前後均有小院子，真是「麻雀雖小，五臟俱全」，浪跡台灣將近二十年，至此始有託身庇護之所。
本年發表論文兩篇，即：
〈舊詩作法新談〉，文見《德明青年》（五十六年五、六月份出版）。
〈跋李公煥箋注陶淵明集〉，文見《德明青年》（五十六年五月出版）。

民國五十七年（西元一九六八年），戊申，四十歲。

考取國立台灣師範大學國文研究所博士班。

兗兼師大國文系講師。

本年度發表專門著作一種，即：

《中國文化概論》，由「海天印刷廠」承印（五十七年八月自己出資）。

民國五十八年（西元一九六九年），己酉，四十一歲。

本年發表論文二篇，即：

〈文心雕龍聲律論〉，文見《中山學術文化集刊》第四集，（五十八年十一月出版）。

〈詩品總論〉，文見師大國文系《詩學集刊》第一期（五十八年六月出版）。

民國五十九年（西元一九七〇年），庚戌，四十二歲。

本年發表雜文一篇，即：

〈海嶠振鐸二十春〉，文見《今日東海·創刊號》，（五十九年一月出版）。本文內容在說明我自民國三十八年九月擔任台北縣瑞芳鎮鼻頭里國民小學教員時的一段艱苦備嘗的經歷。

民國六十年（西元一九七一年），辛亥，四十三歲。

本年發表作品三篇，即：

〈劉鶚與鐵雲藏龜〉，文見《德明青年》（六十年三月出版）。

〈文心雕龍風骨論〉，文見《中山學術文化集刊》第八集（六十年十一月出版）。

〈賈誼學述三編〉，文見《慶祝　瑞安林景伊先生六秩誕辰論文集》（一二二七頁至一三五四頁。六十年十二月出版。以後又將本文重新整理增補，打印裝訂後，送教育部申請升等副教授資格，順利通過）。

民國六十一年（西元一九七二年），壬子，四十四歲。

任私立德明行政管理專科學校教務主任。

五月十五日上午九時，接掌德明行政管理專科學校校長職務，並接受布達式，辦理交接手續。

五月十八日國立台灣師範大學校內博士論文口試委員會通過。八月二日經教育部博士論文口試委員會正式通過，授予中華民國文學博士學位。

本年發表的作品，計專門著作一種，單篇論文一篇，即：

《籀廎學記》（一名《孫詒讓先生之生平及其學術》），(我的博士論文，經　高師仲華、林師景伊兩位老師指導，於民國六十一年五月完成，民國六十一年八月，由文史哲出版社依照手寫稿印行）。

〈孫詒讓先生著述經眼錄〉，文見師大《國文學報．創刊號》（六十一年六月出版）。

民國六十二年（西元一九七三年），癸丑，四十五歲。

本年七月辭私立德明行政管理專科學校校長獲准。

本年八月應國立台灣師範大學聘，任國文系副教授，正式講授《文心雕龍》。兼國立中央大學中文系、淡江文理學院中文系副教授。

由北投杏林二路三十號自宅，遷居復興四路二十九號三樓，生活上稍獲安定，這裡是我妻在北投省立復興高中服務，分配到的宿舍。

本年發表單篇論文一篇，即：

〈劉彥和先生年譜稿〉，文見師大《國文學報．第二期》（六十二年四月出版）。

民國六十三年（西元一九七四年），甲寅，四十六歲。

本年發表學術論文及雜文六篇，即：

〈近六十年來《文心雕龍》研究概觀〉，文見《中華文化復興月刊》七卷三期（六十三年三月出版）。

〈陳那三支因明論的分析與研究〉，文見師大《國文學報．第三期》（六十三年六月出版）。

〈使高山低頭，叫大海讓路〉九大建設對學術界的啓示、，文見《中央月刊》六卷十二期（六十三年十月出版）。

〈《文心雕龍》版本考〉，文見《中央圖書館館刊》七卷一期、二期（六十三年三月九日出版）。

〈《文心雕龍》研究之回顧與前瞻〉，文見《中華文化復興月刊》七卷，第六、七兩期（六十三年六、七月兩次刊出）。

〈祁玉章《賈子新書校釋·跋》〉，文見六十三年十二月出版之《賈子新書校釋》第一三四七頁。

民國六十四年（西元一九七五年），乙卯，四十七歲。

本年發表學術論文及雜文四篇，即：

〈六十年來《文心雕龍》之研究〉，文見程發軔先生主編，正中書局發行《六十年來之國學五》四五三頁至五一〇頁（六十四年五月出版）。

〈試探《文心雕龍》在中國文學史上的地位〉，文見《師大學報》第二十期（六十四年六月出版）。

〈哲人其萎，我心傷悲〉，文見《程旨雲師逝世周年哀思錄》（六十四年七月出版）。

〈《文心雕龍》中的經學思想〉，文見《暢流半月刊》第五十一卷七、九兩期（六十四年五、六月兩次刊出）。

民國六十五年（西元一九七六年），丙辰，四十八歲。

我第一次指導的師大國文研究所碩士班學生錢文星，以《論語何晏集解研究》，獲得碩士學位。

本年發表專門著作一種，單篇論文十六篇，即：

《文心雕龍研究》，共四三八頁，由文史哲出版社發行（六十五年三月出版）。

〈心理建設與國家現代化〉，文見《中央月刊》八卷三期（六十五一月出版）。

〈文評中的子書，子書中的文評〉，文見《書評書目》第三十三期（六十五年一月出版）。

〈學兼中印，出入儒釋〉，文見《書評書目》第三十四期（六十五年二月出版）。

〈小說的鼻祖干令昇〉，文見《中原文獻》八卷四期（六十五年四月出版）。

〈《文心》成書年代及其相關問題〉，文見《中華文化復興月刊》九卷四期（六十五年四月出版）。

〈如何研讀《文心雕龍》〉，文見《學粹》第十八卷一、二期（六十五年四月出版）。

〈正大光明氣象〉，文見《中央月刊》八卷八期（六十五年六月出版）。
〈孫詒讓與契文舉例〉，文見《國語日報·書和人》二八三期（六十五年三月出版）。
〈師大夜讀鴻憶錄〉，文見《師大夜間部校慶特刊》（六十五年六月出版）。
〈邁向全面勝利的頂峰〉，文見《中央月刊》八卷十一期（六十五年九月出版）。
〈孝為修己立國之本〉，文見《中央月刊》九卷一期（六十五年十一月出版）。
〈加強疏通人事管道〉，文見《青年戰士報》（六十五年十二月出版）。
〈籌設中原文獻館緣起〉，文見《中原文獻》八卷十二期（六十五年十二月出版）。
〈生活行為合理化〉，文見《中華文化復興月刊》九卷十二期（六十五年十二月出版）。
〈當代《文心雕龍》著作述評〉，文見師大《中國學術年刊》第一期（六十五年十二月出版）。
〈《文心雕龍》與中國古典文學批評〉，文見《中華學術與現代文化》叢書第二冊《文學論集》二〇八頁至二二五頁，華國出版公司印行。

民國六十六年（西元一九七七年），丁巳，四十九歲。

指導崇右企業管理專科學校教師閻崇信，以《墨子大取篇校釋》，通過教育部審查，獲得講師資格。

辭國立中央大學，私立淡江文理學院兼職。

應私立東吳大學聘，任該校中文系兼任教授，專門講授《文心雕龍》。

師大校內通過我的晉升教授資格審查，明年始能報部，正式改聘。

小兒王愷中原理工學院化學系畢業，並考取清華大學分子生物研究所。

本年發表的作品，計專門著作一種，單篇論文七篇，即：

《文心雕龍導讀》，共九十九頁，由「台北華正書局」發行（六十六年三月出版）。

〈一年之計在於春〉，文見《中央月刊》九卷三期（六十六年一月出版）。

〈青年守則的永恒價值〉，文見《中央月刊》九卷五期（六十六年三月出版）。

〈試論《文心雕龍》在國文教學上的適應性〉，文見《幼獅月刊》四十八卷（六期六十六年六月出版）。

〈沈著《文心雕龍批評論發微・序》〉，文見《中華文化復興月刊》十卷六期（六十六年六月出版）。

〈《文心雕龍》述詩經考〉，文見師大《國文學報》第六期（六十六年六月出版）。

〈陸賈及其學術思想之探究〉，文見《師大學報》第二十二期（六十六年六月出版）。

〈從地方文獻看《汝南遺事》的價值〉，文見《中國地方文獻學會年刊創刊號》（六十六年十二月出版）。

民國六十七年（西元一九七八年），戊午，五十歲。

我指導的師大國文研究所碩士班學生郭鶴鳴，以《王船山詩論採微》獲得碩士學位。指導的中央大學中文系助教姚振黎小姐升等論文《墨子小取篇集證及其辯學》完成，並榮獲教育部審查通過，取得講師資格。

遷居台北市和平東路二段一一八巷四弄二十九號三樓現址。這是我在師大服務多年後，分配給我的宿舍，同時以低利貸款方式售予現住戶。

本年發表的作品，計有專門著作三種，單篇論文及雜文十篇，即：

《孝園尊者戴傳賢傳》（《先烈先賢傳記叢刊》之一），全書共一九四頁，「近代中國出版社」印行（六十七年十二月出版）。

《陸賈》（《中國歷代思想家》之一），全書共四十二頁，台灣商務印書館印行（六十七年六月出版）。

《賈誼》（《中國歷代思想家》之一），全書共三十九頁，台灣商務印書館印行（六十七年六月出版）。

〈陸賈其人其事〉，文見《中央日報·文史周刊》（六十七年五月九日出版）。

〈日藏明刊本王惟儉《文心雕龍訓故》之價值〉，文見《幼獅月刊》四十七卷三期六十七年三月出版）。

〈文心雕龍之創作論·序〉，文見黃春貴先生《文心雕龍之創作論》一書裡頁，該書爲台北文史哲出版社印行（六十七年四月出版）。

〈賈誼《春秋左氏》承傳考〉，文見《孔孟學報》第三十期（六十七年四月出版）。

〈賈誼著述存佚考〉，文見師大《中國學術年刊》第二期（六十七年六月出版）。

〈魏晉六朝文論佚書鈎沈之一〉，文見《學粹》二十卷三期（六十七年六月出版）。

〈摯虞的著述及其在文論上的成就〉，文見《出版與研究》第三十期（六十七年九月出版）。

〈重訂賈誼年表〉（附〈賈誼後嗣考〉），文見師大《國文學報》第七期（六十七年六月出版）。

〈《文心雕龍》述書經考〉，文見《孔孟學報》第四十期（六十七年九月出版）。

〈讀王編《中國歷代思想家》〉，文見《中央日報·副刊》（六十七年十一月廿八、廿九日出版）。

民國六十八年（西元一九七九年），己未，五十一歲。

二月，在　高師仲華的領導下，參加其主持的「中華文化百科全書編輯部」工作，擔任編輯委員，主編該書第二編第一章《歷史》、第二章《氏族》、第四編第三章《工技》）第五編第三章《文學》。

十月，以《重修增訂文心雕龍研究》一書，獲得台北市「中正獎學基金會」中正學術著作獎。

本年發表的作品，計專門著作二種，單篇論文四篇，即：

《重修增訂文心雕龍研究》，全書四七〇頁，文史哲出版社印行（六十八年五月出版）。

《文心雕龍范注駁正》，全書一〇四頁，台北華正書局印行（六十八年十一月出版）。

〈魏晉六朝文論佚書鈎沈之二〉，文見《幼獅學誌》第十五卷三期（六十八年六月出版）。

〈從《論語》看孔子的交友論〉，文見《孔孟月刊》第十八卷一期（六十八年九月出版）。

〈《文心雕龍》導讀〉，文見周何、田博元主編的《國學導讀叢編下冊》七四三頁至七六四頁，該書爲康橋出版社發行（六十八年四月出版）。
〈《文心雕龍》的完整性〉，文見《民眾日報・學術周刊》（六十八年十二月十八日出版）。

民國六十九年（西元一九八〇年），庚申，五十二歲。

本年發表的作品，計編纂的著作一種，單篇論文八篇。即：
《文心雕龍研究論文選粹》，全書六八四頁，共蒐得三十八篇論文，包括三十五位作者，四個不同的地區，育民出版社印行（六十九年九月一日出版）。
〈花蓮縣國風國中國文教學參觀剪影〉，文見師大《中等教育》第三十一卷一期（六十九年二月出版）。
〈編製國文科單元教學活動設計準備事項與注意要點〉，文見師大《中等教育》第三十一卷一期（六十九年二月出版）。
〈建設與保衛台澎金馬對光復大陸的關係〉，文見《青年戰士報》（六十九年三月出版）。
〈《文心雕龍》述論語考〉，文見《孔孟學報》第三十九期（六十九年四月出版）。
〈范文瀾《文心雕龍》注駁議〉，文見《中華文化復興月刊》第十三卷五期（六十九年五月出版）。
〈國文科課外閱讀之研究〉，文見師大《教學與研究》第二期（六十九年六月出版）。
〈知本明法論作文〉，文見師大《校友月刊》第一九三期（六十九年九月出版）。
〈《文心雕龍》述孟子考〉，文見《孔孟學報》第四十期（六十九年九月出版）。

民國七十年（西元一九八一年），辛酉，五十三歲。

指導的師大國文研究所碩士班學生黃美鈴，以《唐代詩評中風格論之研究》，私立東海大學中文研究所碩士班學生吳武雄，以《公安派及其著述考》，中國文化大學中文研究所碩士班學生薛瑩瑩，以《陳繹曾先生之生平及其文論》，各獲碩士學位。

七月，長子王愷與劉守元先生之長女劉幼華小姐於本年八月三十日，農曆八月二日在台北地方法院舉行公證結婚。

七月，高師　仲華主持的「中華文化百科全書編輯部」工作宣布結束。

應師大國文研究所所長黃師錦鋐的邀聘，擔任《白話資治通鑑》執行編譯委員。

本年發表的作品，計專門著作四種，單篇論文九篇。即：

《我們的國名》，全書七十六頁。

《我們的國旗》，全書一〇六頁。
《我們的國歌》，全書九十八頁。
《我們的國徽與國花》，全書五十四頁。
上列四書列入「大眾文庫」的套書，經姚振黎博士、陳素英博士協助完成，由國立編譯館主編，中央文物供應社印行（七十年三月出版）。
〈經典是中國文學的本源〉，文見《孔孟月刊》第十九卷六期（七十年二月出版）。
〈經典的內涵及其文學成分〉，文見《孔孟月刊》第十九卷七期（七十年三月出版）。
〈經典在中國文學發展中的韌性〉，文見《孔孟月刊》第十九卷九期（七十年五月出版）。
〈徵聖宗經的文學論〉，文見《孔孟月刊》第十九卷十期（七十年六月出版）。
〈經典對中國文學思想的影響〉，文見《孔孟月刊》第十九卷十二期（七十年八月出版）。
〈經典對中國文學體裁的影響〉，文見《孔孟月刊》第二十卷一期（七十年九月出版）。
〈經典對中國文學創作的影響〉，文見《孔孟月刊》第二十卷二期（七十年十月出版）。
〈經典對中國文學批評的影響〉，文見《孔孟月刊》第二十卷三期（七十年十一月出版）。

〈中國文學如何向經典認同之一〉，文見《孔孟月刊》第二十卷四期（七十年十二月出版）。

民國七十一年（西元一九八二年），壬戌，五十四歲。

小兒王愷偕媳婦劉幼華赴美國奧瑞岡州立大學留學，愷兒攻讀遺傳工程博士，劉幼華攻讀藥學博士。

長女王憬於私立中國文化學院東方語文系俄文組畢業後，今秋考入國立台灣師範大學三民主義研究所碩士班。

本年發表的作品，計專門著作一種，單篇論文六篇。即：

《國文教學新論》，全書三六四頁，明文書局有限公司印行（七十一年四月出版）。

〈中國文學如何向經典認同之二〉，文見《孔孟月刊》第二十卷五期（七十一年一月出版）。

〈中國文學如何向經典認同之三〉，文見《孔孟月刊》第二十卷六期（七十一年二月出版）。

〈中國文學前途的展望〉，文見《孔孟月刊》第二十卷七期。（七十一年三月出版）。

〈中國文學探源〉，文見《幼獅學誌》第十七卷一期（七十一年五月出版）。

〈歷代左傳學〉，文見師大《中國學術年刊》第四期（七十一年六月出版）。

〈中國文學批評概觀〉，文見巨流圖書公司印行，國家文藝基金會主編的《中國文學講話・概說之部一、》三七一頁至三八八頁（七十一年十二月出版）。

指導的師大國文研究所碩士班學生李四珍、私立東吳大學中文研究所碩士班學生顏賢正，分別以《楚辭二招析論》、《明清文話敘錄》、《文心雕龍述先秦兩漢諸子考》，各自獲得碩士學位。

民國七十二年（西元一九八三年），癸亥，五十五歲。

本年發表的作品，計有專門著作一種、有聲著作兩套、單篇論文五篇。即：

《三民主義文藝的創作原理》，全書五十八頁，由國立編譯館主編，中央文物供應社印行，爲《三民主義文藝理論論叢》之一（七十二年七月出版）。

《中國歷代詩詞曲文美讀》，一套兩卷，錄有朗誦的作品八十首，爲師大員工進修班國文輔助教材，由師大視聽教育館監製，不對外發行（七十二年四月錄製）。

《中國歷代詩詞曲文美讀》，一套四卷，錄有朗誦的作品六十四首，由華陽文教出版公司發行（七十二年六月出版）。
〈二招真僞及其寫作特色〉，文見巨流圖書公司印行，國家文藝基金會主編的《中國文學講話．周代文學二、》四九三頁至五一八頁（七十二年十月出版）。
〈從儒家思想討論，到中西文化交流〉，文見《青年戰士報》（七十二年三月十九日出版）。
〈國旗的製作及其畫法〉，文見《青年戰士報》（七十二年六月八日出版）。
〈三民主義文藝創作原理初探〉，文見《幼獅學誌》第十七卷四期（七十二年十月出版）。
〈美讀與國文教學〉，文見師大《中等教育》第三十四卷五、六期七十二年十二月出版）。

民國七十三年（西元一九八四年），甲子，五十六歲。

指導的師大碩士班研究生王基倫，以《孟子散文研究》獲得碩士學位。

「《白話資治通鑑》執行編譯」的工作，至今年宣布結束。

應國防部軍中廣播電臺文藝橋節目主持人梅少文小姐堅邀，自本年九月起，聯合主持以

「中國文學探源」爲內容的節目，每週播出一次。

本年發表的作品，計有專門著作一種、單篇論文二種、編譯著作一種、廣播文稿一種，即：

《中國國民黨與中華文化》，全書共三九八頁，由陳素英博士協助聚材整理，並經中央文物供應社印行，列爲《慶祝　國父建黨革命九十週年紀念專輯》之一（七十三年十一月出版）。

〈國文教學與科學關係之研究〉，文見幼獅文化圖書公司出版的《學術講演專集》第五集（七十三年六月出版）。

〈晏子春秋及其散文特色〉，文見巨流圖書公司印行，國家文藝基金會主編的《中國文學講話・周代文學三、》三六五頁起到四〇〇頁止（七十三年十一月出版）。

《白話資治通鑑・周紀》五卷，〈秦紀〉三卷，由第一冊第一頁到第一九〇頁，黃師錦鋐主編，台北文化圖書公司印行（七十三年三月一日出版）。

《中國文學探源》，自民國七十三年九月第一個星期天起，到七十四年十月最後一個星期天止，以「中國文學探源」爲內容，在「軍中廣播電臺文藝橋」節目播出，由梅少文小姐與我共同主持，每週播出一次，共播出一年零一個月整。

民國七十四年（西元一九八五年），乙丑，五十七歲。

指導的東吳大學中研所碩士班學生陳素英、中國文化大學中研所博士班學生陳光憲、碩士班學生方元珍、廖宏昌，均分別以《文心雕龍對後世文論之影響》、《王靜安先生生平及其學術》、《文心雕龍與佛教之關係》、《六朝文筆說析論》，各自獲得博、碩士學位。

本年八月起，在師大休假。

九月應香港浸會大學中文系之邀。應聘為該校客座教授，專門講授《文心雕龍》、《莊子》、《楚辭》。

九月初赴港任教。

本年共發表專門著作一種、單篇論文一篇，即：

《文心雕龍讀本》上下篇。全書九三二頁，於今年四月全部出齊，由台北文史哲出版社印行。

〈我所認識的李曰剛先生〉，文見台北《文訊月刊》第十八期（七十四年六月出版）。

民國七十五年（西元一九八六年），丙寅，五十八歲。

指導的師大國研所碩士班學生尤雅姿、東吳大學中研所碩士班學生林妙芬，分別以《劉義慶及其世說新語之散文》、《中國近代文話敘錄》，各自獲得碩士學位。

本年八月以前，還在香港浸會大學中文系。

本年共發表單篇論文和雜文五篇。即：

〈歐陽脩的散文〉，文見巨流圖書公司印行，國家文藝基金會主編的《中國文學講話·兩宋文學》，由二七頁起到五〇頁止（七十五年六月出版）。

〈曾鞏的散文〉，文見巨流圖書公司印行，國家文藝基金會主編的《中國文學講話·兩宋文學》·由五一頁起，到六八頁止（七十五年十一月出版）。

〈遼金元的散文〉，文見巨流圖書公司印行，國家文藝基金會主編的《中國文學講話·遼金元文學》，由一二七頁起，到一四〇頁止（七十五年十一月出版）。

〈詩詞吟唱面面觀〉，文見巨流公司印行，國家文藝基金會主編的《中國文學講話·遼金元文學》，由四九一頁起，到五一〇頁止（七十五年十一月出版）。

〈給浸會大學一群志同道合的朋友〉，文見該校發行的《學習備忘》創刊號首頁（七十五年六月出版）。

民國七十六年（西元一九八七年），丁卯，五十九歲。

指導的東吳大學中研所碩士班研究生王妙櫻，以《王構修辭鑑衡研究》，獲得碩士學位。

本年共發表專門著作一種、編纂著作一種、單篇論文和雜文五篇。即：

《晏子春秋今註今譯》，全書四三二頁，由台北商務印書館印行（七十六年八月出版）。

《中國文學概論》，全書九八五頁，係國立空中大學用書。其中第二章〈辭賦〉（由八一頁起，到一八二頁止）、第五章〈詞曲〉（由第一頁起，到二二三頁止），由呂武志博士協助整理，編纂完成，（七十六年十一月出版）。

〈淺論劉勰文學批評的理論與實際〉，文見《中華文化復興月刊》第二〇卷五期（七十六年五月出版）。

〈論中國散文之藝術特徵〉，文見師大《教學與研究》第九期（七十六年六月出版）。

〈簡論我國散文的立體、命名與定義〉，文見《孔孟月刊》第二十五卷（十一期七十六年七月出版）。

〈復興中華文化的暗礁〉，文見《中華文化復興月刊》第二〇卷七期（七十六年七月出版）。

〈論我國古今散文體類分合之價值、原則及方法〉，文見《孔孟學報》第五四期（七十六年九月出版）。

民國七十七年（西元一九八八年），戊辰，六十歲。

指導的師大國研所博士班研究生張春榮、中國文化大學中研所博士班研究生陳邦禎、盧瑩通，分別以《姚惜抱及其文學研究》、《顧亭林先生學術思想研究》、《陳蘭甫先生之生平及其學術》，各自獲得博士學位。

本年共發表專門著作兩種、單篇論文三篇、有聲著作一種。即：

《中國文學的本源》一名《文源闡微》、，全書一二七頁，由台灣學生書局印行（七十七年十一月出版）。

《重修增訂文心雕龍導讀》，全書一七八頁，由台灣華正書局發行（七十七年三月出版）。

〈王應麟和辛處信「文心雕龍注」關係之研究〉，此文先發表在中國古典文學研究會舉辦，「以文心雕龍爲中心的中國文學批評研討會」中，以後又編輯而成《文心雕龍綜論》一書。由台灣學生書局印行（七十七年五月出版）。

〈最近（一九七四—一九七八年）國內外文心雕龍研究概況〉，文見師大《國文學報》

第十七期（七十七年六月出版）。

〈論劉勰文體分類學的基據〉，文見《國立編譯館館刊》第十七卷一期（七十七年六月出版）。

民國七十八年（西元一九八九年），己巳，六十一歲。

指導的師大國研究所碩士班學生蕭淑貞、浦忠成，博士班研究生蔡宗陽，分別以《李遐叔及其作品研究》、《穆伯長及其作品研究》、《劉勰文心雕龍與經學》，各自獲得碩士學位和博士學位。

本年共發表單篇論文和雜文八篇。即：

〈唐宋八大家及其散文藝術〉，文見師大《中國學術年刊》第十期（七十八年二月出版）。

〈台灣《文心雕龍》的研究與展望〉，本文先在中國大陸一九八九年由廣州暨南大學舉辦的「國際文心雕龍研討會」中發表，後由《孔孟學報》第五七期刊載（七十八年三月廿八日出版）。

〈唐宋八大家的散文〉，文見《國語日報・書和人》第六一五期和六一六期（七十八年三月十一日和三月廿五日出版）。

〈中國文學的音樂性〉，文見《孔孟月刊》第二七卷十二期（七十八年八月廿八日出版）。

〈唐宋散文作家與古文運動〉，文見《中華文化復興月刊》第二二卷三期（七十八年三月出版）。

〈從媒體使用看孔子的教學藝術〉，本文先在台南師範學院語文系舉辦的全國性「語文教學研討會」中發表，後由台灣師範大學收入《學術講演專集》第五集，由四八頁起到六二頁止（七十八年六月出版）。

〈文言文教學的時代意義〉，文見幼獅文化公司於本年十一月出版的《國語文教學研究》，由二五頁起，到三六頁止。

〈移民族詩集·序〉，本文作於本年六月十一日，爲香港浸會大學陳中禧女史詩集寫的序。

民國七十九年（西元一九九〇年），庚午，六十二歲。

指導的師大國研所碩士班學生劉　漢、許琇禎，高雄師範大學國研所碩士班學生呂立德，分別以《魏晉南北朝文論佚書鈎沈》、《朱自清及其散文》、《文心雕龍「時序」篇研究》，各自獲得碩士學位。

本年元月二十九日起，至二月十四日止，即農曆正月初三日到十九日返大陸探親，從民國三十八年迄今四十一年來第一次踏上祖國領土，真是百味雜陳，感慨萬千。物是人非，欲語還休有些陌生，又有些依戀。

本年共發表專門著作一種、單篇論文和雜文三篇，即：

《中國文學講話》，全書共三二三頁。本書初稿曾以《中國文學探原》之名，在台北軍中廣播電臺文藝橋播出，後又在《國語日報・少年版》分期刊登，今再由台北三民書局股份有限公司發行（七十九年七月出版）。

〈李曰剛先生及其文心雕龍斠詮〉，文見師大國文系《文風雜誌》第五〇期（七十九年六月五日出版）。

〈漫談詩文吟誦的藝術〉，文見《空大學訊》第六十五期（七十九年八月一日出版）。

〈答蔡君勝紀「槳聲燈影裡的秦淮河」誤植商榷文〉，本文先由許琇禎博士聚材，再整理完成。見（七十九年六月出版）的《人文及社會學科教學通訊》第一卷一期一一七頁。

民國八十年（西元一九九一年），辛未，六十三歲。

指導的師大國研所博士班學生尤雅姿，以《顏之推及其家訓之研究》，獲得博士學位。

本年共發表專門著作一種、單篇論文和雜文六篇。即：

《文心雕龍新論》，全書三五五頁，由台北文史哲出版社發行。

〈台灣的文化貧血病〉，文見新學識文教出版中心發行的《兩岸合論文化建設》一書，第一四四頁起，到一五〇頁止（八十年五月四日出版）。

〈不生苔的滾石——一個永遠追著學問跑的人〉，這是一篇對本人專訪的文章，見於本年五月出版的東吳大學中文系《系刊》。

〈答台北市私立光仁中學教師曾白虹，高中國文第六冊第五課的疑難問題〉，文見《人文及社會學科教學通訊》第一卷第五期一一八頁。

〈作文與作文教學〉，文見《選才雜誌》本年（九月出版）。

〈如何樹立教師的專業權威〉，文見《當代青年》雜誌一卷四期（八十年十一月出版）。

〈論作文教學的三個基本概念〉，文見師大《中等教育》四二卷五期（八十年十一月出版）。

民國八十一年（西元一九九二年），壬申，六十四歲。

指導的師大國研所博士班學生張秀烈、中國文化大學中研所博士班學生方元珍、廖宏昌，分別以《文心雕龍「道沿聖以垂文」之研究》、《葉燮之文學研究》、《王荊公散文研究》，各自獲得博士學位。

八月二日搭機偕素珍赴吉林長春，參加由長春師範學院召開的第一屆「昭明文選國際學術研討會」。

本年共發表單篇論文和雜文十四篇。

〈常態分班芻議〉，文見《國文天地》雜誌第七卷八期（八十一年一月一日出版）。

〈曾鞏的墨池記〉，文見《國文天地》雜誌第七卷九期（八十一年二月一日出版）。

〈文言文常識序〉，文見新文豐出版社發行的《文言文常識》一書首頁。

〈詩文的特質和走向〉，文見《國文天地》雜誌第八卷一期（八十一年六月一日出版）。

〈答省立彰化高中教師問「天工開物跋」中，「其大錢當五當十」的比值問題〉，文見《人文及社會學科教學通訊》第二卷五期。（八十一年二月出版）。

〈答謝和稜課業上的疑難問題〉，文見《國立編譯館通訊》季刊，第五卷三期（八十一年三月出版）。

〈韓愈文心探微·序〉，文見文史哲出版社發行的鄧國光著《韓愈文心探微》一書首頁。

〈今注今譯古文觀止·序〉及〈凡例〉，文見台北黎明文化公司出版的《今注今譯古文觀止》一書首頁。

〈現行高級中學國文教科書編輯經過紀要〉，文見《人文及社會學科教學通訊》第三卷三期八十一年十月出版）。

〈答黃雄問高中國文第二冊「祭十二郎文」中「幾何不從汝而死也」句，文見《人文及社會學科教學通訊》第三卷二期（八十一年八月出版）。

〈答黃雄問高中國文第五冊「義田記」中「瘠假爲齒」句〉，文見《人文及社會學科教學通訊》第三卷二期（八十一年八月出版）。

〈苦、樂二字縱橫談〉，文見《普門雜誌》第一五八期（八十一年十一月出版）。

〈有趣的成語·序〉，文見謝俊隆著的《有趣的成語》一書首頁（八十一年十一月廿八日出版）。

〈《文心雕龍》詞典·序〉，文見山東大學教授馮春田先生編著的《文心雕龍詞典》一書首頁（八十一年十二月五日出版）。

民國八十二年（西元一九九三年），癸酉，六十五歲。

指導的師大國研所碩士班學生諸海星，以《中國文體分類學的研究》，獲得碩士學位。

六月八日下午搭機赴香港，參加由香港中文大學舉行的「魏晉南北朝文學國際學術研討會」。

本年共發表專門著作一種、編纂著作一種、單篇論文四篇。即：

《韓愈散文研讀》，全書三〇三頁，由台北文史哲出版社發行（八十二年十一月初出版）。

《今注今譯古文觀止》上下冊，全書一五六三頁，高明老師審訂，由五位教授注釋，我爲其中之一，經呂武志博士協助，共注釋了由唐至清，古代散文四十篇。

〈四書的結構布局〉，爲師大國文系《新編四書》中的一篇，二月二十六日完成。

〈中國文學理論批評發展規律初探〉，文爲「中國文學理論學會」邀稿而寫，二月十六日完成。

〈國中國文教材面面觀〉，文見《國文天地》八卷十期（八十二年四月一日出版）。

〈魏晉南北朝散文研究的重要性〉，本文發表於香港中文大學六月八日舉行的「魏晉南北朝文學國際學術研討會」（八十二年六月八日）。

民國八十三年（西元一九九四年），甲戌，六十八歲。

指導的師大國研所碩士班學生鄭美慧，以《劉海峰論文偶記研究》，獲得碩士學位。

四月十六日參加在嘉義中正大學召開的「六朝隋唐學術研討會」，並發表論文。

十一月七日參加台南成功大學召開的「兩宋文學研討會」，並發表學術論文。

本年共發表專門著作二種、單篇論文四篇。即：

《柳宗元散文研讀》，全書三〇四頁，由台北文史哲出版社發行（八十三年七月出版）。

《文心雕龍選讀》，全書五一七頁，由國立編譯館邀稿，爲大學用書系列之一，台北巨流出版社印行（八十三年十月卅一日出版）。

〈隋唐時期的《文心雕龍》〉，本文先在台灣中正大學「六朝隋唐學術研討會」中發表（八十三年四月），後又被中國《北京大學學報》收入刊載。

〈開拓中國古代文學理論的新局——從整理文話談起〉，本文曾在客歲（一九九三年）七月內蒙古呼和浩特，由「內蒙古師範大學」召開之「中國古代文學理論學術研討會」上發表，後被收入大陸印行的《文藝理論研究》月刊八十四年一月第一期、。

〈從答司馬諫議書，看王荆公的古文造詣〉，本文曾在台南成功大學召開之「兩宋文學研討會」上發表（八十三年十一月七日）。

〈立身以力學爲先，力學以讀書爲本〉，文見香港浸會大學民國八十二年至八十三年（一九九三至一九九四年）「讀書種子獎勵計劃報告書」中。

民國八十四年（西元一九九五年），乙亥，六十七歲。

指導的師大國研所博士班學生顏瑞芳、朴泰德，碩士班學生蔡美惠、翁淑媛等，分別以《中唐三家寓言研究》、《劉勰與鍾嶸的詩論比較研究》、《吳曾祺涵芬樓文談研究》、《曹植散文研究》，各自獲得博士、碩士學位。

七月廿七日參加在北京皇苑大飯店，由北京大學主辦的「文心雕龍國際學術研討會」，並發表論文〈劉勰是個什麼家〉。

在大會開幕式中以三十分鐘時間，講述第一次在一九九〇年初，農曆新正，大雪紛飛之日到大陸參訪，拜會山東大學教授牟世金遺孀趙璧清女士的經過。

本年共發表專門著作一種、單篇論文三篇。即：

《中國古代文學理論的祕寶——文心雕龍》，全書共三三八頁，由黎明文化事業公司出版，列爲《文學與思想叢書》之一（八十四年七月廿五日發行）。

〈媒體製作與國文教學〉，文見師大中等教育輔導委員會出版的《台灣、大陸、香港、新加坡四地中學語文教學論集》（八十四年五月出版）。

〈媒體在國文教學中扮演的角色〉，文見《兩岸暨港、新中學國語文教學國際研討會論文集》（八十四年六月十日出版）。

〈劉勰是個什麼家？〉，本文初在北京召開的「文心雕龍國際學術研討會」中發表，後又被收入《北大學報》第一七四期（八十四年七月廿八日出版）。

指導的師大國研所博士班學生朴英姬、碩士班學生吳玉如、魏素足等，分別以《清代中期經學家的文論》、《劉勰文心雕龍之審美觀》、《黃侃及其文心雕龍札記之研究》，各自獲得博士、碩士學位。

民國八十五年（西元一九九六年），丙子，六十八歲。

本年共發表專門著作一種、單篇論文和雜文五篇，即：

〈歐陽脩散文研讀〉，全書三五六頁，由台北文史哲出版社印行（八十五年五月初版）。

〈文言文教學方法芻議〉，文見師大中等教育輔導委員會出版的《中等教育》（八十五年二月廿五日出版）。

〈王常新先生文學評論初探·序〉文見該書首頁，台北文史哲出版社印行（八十五年一月卅日出版）。

〈如何進行美讀教學〉，文見師大中等教育輔導委員會出版的《中等教育》（八十五年五月十五日印行）。

〈陳中禧「刮風的日子」·序〉，文見該詩集首頁（八十五年七月底出版）。

〈台灣國文教學法研究概述〉，文見《人文社會學科教學通訊》（八十五年十月出版）。

民國八十六年（西元一九九七年），丁丑，六十九歲。

指導的師大國研所碩士班學生溫光華，以《文心雕龍黃注紀評研究》，獲得碩士學位。萬能科技大學呂新昌副教授，著《歸震川及其散文研究》，文字流暢，析理綿密，結構嚴謹，通過教育部升等審查。

十月廿五日參加由台中東海大學舉辦的「魏晉南北朝文學國際學術研討會」，並發表論文。

本年共發表專門著作二種、編輯著作一種、單篇論文及雜文四篇。即：

《更生退思文錄》，由台北文史哲出版社發行，全書共四四九頁（七月廿日出版）。

《重修增訂國文教學新論》，全書四三四頁，由台北明文書局印行，（七月卅一日出版）。

《中華民國史文化志初編》，書中第十二章〈古典文學〉部分，由五三七頁起，到五七三頁止，為本人編著，中華民國國史館印行。

〈胡傳安聽竹軒詩集・序〉，文見該書首頁（一月十四日完稿）。

〈陳雄勳、范月嬌合著三蘇文選注評析・序〉，文見該書首頁（三月廿三日完稿）。

〈魏晉南北朝散文的藝術特徵〉，文見台灣東海大學舉辦的《第三屆魏晉南北朝文學國際學術研討會論文集》（九月十四日出版）。

〈由園林美學看「醉翁亭記」的結構藝術〉，文見由台南成功大學編印的《宋代文學研究叢刊》（八月十四日出版）。

民國八十七年（西元一九九八年），戊寅，七十歲。

指導的師大國研所博士班學生劉渼，碩士班學生林淑雲，分別以《劉勰文心雕龍文體論研究》、《林琴南先生的文章學》，各自獲得博士學位和碩士學位。

由本年八月一日起，我正式屆齡退休，從民國三十八年（西元一九四九年）九月任台北縣鼻頭國民小學教師起，至今年（西元一九九八年）師範大學國文系教授止，在台灣大中小學共服務了五十年。

本年共發表專門著作一種、單篇論文和雜文六篇。即：

《新編晏子春秋校注》，全書約六十多萬言，由國立編譯館邀稿，本年十月廿一日殺青完成，出版書局及時日，正在由編譯館和書商洽談中。

〈劉崇義國語文教學論集・序〉，文見該書首頁（一月十五日完稿）。

〈美化心靈的天籟〉，文交師大文學院院刊發表（一月十三日重新修訂增刪完成）。

〈馮永敏散文鑑賞藝術特徵・序〉，文見該書首頁（一月十六日完稿交印）。

〈呂新昌歸震川及其散文・序〉，文見該書書首（一月廿九日，春節後二日完稿）。

〈誨人不倦憶恩師—爲章師徵熲逝世三十週年作〉（三月廿四日完稿）。

〈楊明照和他的《抱朴子外篇校箋》〉，文見《國文天地》（四月十一日完稿寄出）。

民國八十八年（西元一九九九年），己卯，七十一歲。

指導的文化大學中研所博士班學生吳福相、東吳大學中研所碩士班學生黃端陽，分別以《呂氏春秋寓言研究》、《劉勰文心雕龍樞紐論研究》，各自獲得博士學位和碩士學位。

參加五月十五日由師大國文系召開的「文心雕龍國際學術研討會」，並發表論文。

本年共發表專門著作一種，單篇論文和雜文九篇。

《台灣近五十年「文心雕龍」研究論著摘要》，本書係本人編訂，共一七七頁，被台北文史哲出版社列爲《圖書資訊集成叢書》之一（五月十五日出版）。
〈劉勰的文學三源論〉，文見五月十五日由師大國文系召開之「文心雕龍國際學術研討會」論文集（四月十日完稿，五月十五日出版）。
〈震古鑠今的文苑樞機——《文心雕龍》〉，文見《國文天地》十四卷十二期（五月一日出版）。
〈震古鑠今的文苑祕寶——《文心雕龍》〉文見《聯合報・副刊》（五月十五日，爲「文心雕龍國際學術研討會」作的報導性作品）。
〈台灣中等學校國文教材編配述要〉，此文係應師大歷史系劉德美教授之邀，寫給中國江蘇省揚州文化局的作品。
〈陳少松和他的「古詩詞文吟誦研究」〉，文見《國文天地》（七月廿八日出版）。
〈日藏明王惟儉《文心雕龍訓故本》之考察〉，此文係舊稿重新整理修訂，爲王元化先生八十壽誕而作。
〈王元化先生八秩壽頌并序〉中堂一幅（七月卅一日書寫完成）。
〈楊明照先生九秩壽頌并序〉中堂一幅（八月三日書寫完成）。

〈古典詩詞吟誦藝術淺探〉，爲新加坡同安會館主辦的「新世紀詩的走向學術研討會」寫（八月十日文稿繕寫完成）。

民國八十九年（西元二〇〇〇年），庚辰，七十二歲。

指導的東吳大學中研所博士班學生魏王妙櫻，以《曾鞏文學與北宋詩文革新運動》，獲得博士學位。

本年共發表專門著作二種、單篇論文和雜文六篇。即：

《歲久彌光的龍學家——楊明照教授在「文心雕龍學」上的貢獻》，全書一〇八頁，由台北文史哲出版社印行（八十九年十一月出版）。

《蘇軾散文研讀》，全書三六五頁，由台北文史哲出版社印行（本年九月十日完稿，次年五月出版）。

〈文心雕龍國際學術研討會後記〉，文見文史哲出版社印行的《文心雕龍國際研討會論文集》第七四一頁，至七四六頁（三月廿五日出版）。

〈文心雕龍國際學術研討會在鎮江召開紀盛〉，文見《國文天地》十六卷一期（六月一日出版）。

〈文曉村先生和他的「從河洛到台灣」〉，本年四月廿三日在台北市徐州路台大會館，文曉村先生新書發表會上的講詞。

〈魏靖峰「創意教學國文篇導讀」〉，文見該書首頁。書由台北幼獅文化事業公司印行（七月一日完稿）。

〈當前高中國文教學問題芻議〉，文見《人文及社會學科教學通訊雙月刊》第十一卷三期（八十九年十月出版）。

〈魏晉南北朝紀遊小品初探〉，爲參加高雄中山大學國際學術研討會發表的論文見《旅行與文藝國際會議論文集》，書林出版公司印行，（五月廿八日在高雄舉行，二〇〇一年十二月出版）。

指導的師大國研所碩士班學生許愛蓮，暨南國際大學中語所學生鄭文玄，分別以《呂祖謙及其東萊博議》、《語文教師的基本能力結構之研究》，各自獲得碩士學位。

民國九十年（西元二〇〇一年），辛巳，七十三歲。

本年八月十五日正式以吾兒王愷和吾女王憬、王恒三人之名，在浙江省嘉善縣西塘鎮鴉雀村綠苑，購買農田六畝（附記：一畝是二百一十坪，六畝共一千二百六〇坪），一半是兩個女兒的，一半是兒子的，目的是爲回歸祖國和子孫將來到大陸發展，以及自己退休後的休閒生活，得一落腳的處所。

本年共發表專門著作二種、單篇論文及雜文六篇。即：

《國文教學面面觀》，此書係將民國八十五年六月卅日，由師大中等教育輔導委員會出版，而不對外出售的《國文教學面面觀》，重新增刪，整理分類後，再交由五南圖書公司出版面世，全書三三四頁（五月正式印行）。

《新編晏子春秋》，此書於民國八十七年十月廿一日完稿，已見前述；直至本年六月始由五南圖書公司正式出版，名曰《新編晏子春秋》，全書七七四頁，列爲該書局《新編諸子叢書》之一。

〈唐宋元文心雕龍集校合編．序〉，文見該書首頁，書爲台灣台南市暨南出版社印行，文稿完成於本年一月，而該書至九十一年（西元二〇〇二年）六月方才正式出版。

〈蔣凡學術論集．序〉，文見該書首頁，書爲台北萬卷樓圖書有限公司印行。文稿完成於本年一月五日，而該書至十一月方才出版面世。

〈蔡元培先生在近代中國教育史上的地位與貢獻〉，先以此文參加由東吳大學舉辦的「二十世紀中國學術界的回顧與前瞻研討會」，後於三月交由蔡宗陽先生，作爲恭祝　黃師錦鋐八十大壽的祝壽論文。

〈台灣近五十年來「范仲淹」研究概觀〉，文見香港新亞洲文化基金會編印的《范仲淹研究文集之二》，由三二頁起，至五三頁止（九十年十二月香港出版）。

〈台灣國語文教學與培養學生思考能力〉，文見《人文與社會學科教學通訊》（十一月廿日出版）。

民國九十一年（西元二〇〇二年），壬午，七十四歲。

指導的師大國研所博士班學生溫光華、蔡美惠，分別以《劉勰文心雕龍文章藝術析論》、《方東樹文章學研究》，各自獲得博士學位。

本年共發表單篇論文和雜文八篇。即：

〈孔門論學的幾個側面〉，交《孔孟月刊》登載，一月廿日完稿。

〈清代的《文心雕龍》學〉，文見本年三月九日在高雄中山大學清代學術研究中心召開的《清代學術研究論文集》。

〈現代生活中的插曲〉，文見中壢《萬能技術學院學報》（五月五日完稿）。

〈孔孟思想是現代生活的靈泉〉，文見《孔孟月刊》（三月廿三日完稿）。

〈論晏子春秋散文的特徵〉，文見八月七日在山東淄博召開的《齊文化學術研討會論文集》（七月十九日完稿）。

〈招魂作者及其寫作藝術〉，文見十月廿一日在江蘇鎮江舉行的《文選學研討會論文集》（九月十三日完稿）。

〈我所體認的哪吒三太子〉，文見十月十二日在台南新營舉行的《哪吒三太子學術討論會論文集》（九月十九日完稿）。

〈內化、身化與提振社會風氣〉，文見《孔孟月刊》，（九二年一月廿八日出版）。

民國九十二年（西元二〇〇三），癸未，七十五歲。

本年共發表單篇論文和雜文五篇。即

〈林中明先生斌心雕龍·序〉，文見該書首頁，書由學生書局出版（三月十三日完稿，文長六千多字）。

〈如何寫好作文〉，先以此文在台北縣林口僑大先修班講演，後交該校《僑苑》雜誌第三十七期排印，（九十二年一月出版）。

〈范曾二公師生關係考信錄〉，文見香港新亞洲文化基金會印行的《范學論文集》下冊，第九〇頁起到一二五頁止（九十二年八月廿八日完稿，九十三年三月出版）。
〈當前教改下的「語文教學」〉，文見東吳大學文學院舉辦的《多元教改對現今社會之影響論文集》（九十二年十一月廿日出版）。
〈祝振華博士跨世紀學思隨感錄‧序〉。文見《中原文獻》第三八卷二期，改其名曰〈與祝振華博士論「真、拙、愚、悟」書〉，（九十二年八月五日完稿，九十五年四月一日出版）。

民國九十三年（西元二〇〇四年），甲申，七十八歲。

本年共發表單篇論文和雜文九篇。即：
〈文心雕龍與晏殊類要〉，文見四川大學《楊明照先生紀念文集》（三月九日完稿）。
〈晏殊類要與文心雕龍古注〉，文見深圳大學文學院舉辦的《文心雕龍國際學術研討會論文集》第一七〇頁至一八〇頁（三月廿七日印行）。
〈兩宋時期的文心雕龍學〉，約二萬五千字，四月十日完稿。
〈我所認識的駱公建人先生〉，為悼念駱建人教授逝世作的追思文字（四月十四日深夜完稿）。

〈中國散文研究家〉，寫給四川大學中文系曾紹義先生，作編纂《中國當代散文家》之用。（此事由北京中國社科院研究員譚家健先生推薦，九月十八日完稿並即時寄出）。
〈什麽是古典詩詞吟唱藝術〉，文見《國文天地》二〇卷四期九月一日出版）。
〈古典詩詞的「吟」和「唱」〉，文見《國文天地》二十卷六期（十一月十一日出版）。
〈古典詩詞吟唱的幾個觀念〉，文見《國文天地》二十卷七期（十二月一日出版）。
〈古典詩詞吟唱的價值〉，文見《國文天地》二十卷八期（九十四年一月發行）。

民國九十四年（西元二〇〇五年），乙酉，七十七歲。

指導的文化大學中研所博士班學生王若嫻，以《梁武帝蕭衍與梁代文風之研究》，獲得博士學位。

本年共發表專門著作一種、單篇論文和雜文十五篇。即：
《曾鞏散文研讀》、全書三四六頁，九十四年八月整理完稿，八月十日交文史哲出版社排印，直到九十五年六月始正式出版。
〈古典詩詞吟唱前的準備工作〉，文見《國文天地》二十卷九期（九十五年二月出版）。
〈文心雕龍的學術價值〉，文見東吳大學於四月廿三日召開的《魏晉六朝文學研討會論文集》第一頁起，到二十三頁止（九十四年九月正式出版）。

〈楊明照教授「龍學」的未竟之業〉，文見四川大學《楊明照先生學術思想暨文心雕龍國際學術研討會論文集》第一五四頁起，到一六〇頁止（九十四年六月印行）。

〈如何教好大一國文〉，民國九十四年二月十八日，在東吳大學中文系舉辦的「大一國文教學研討會」上的講演稿。

〈古典詩詞吟唱在歷代學者心目中的地位〉，文見《國文天地》六月號（本文於二月十九日完稿）。

〈古典詩詞吟唱的三點要求〉，文見《國文天地》二〇卷一〇期（九十四年三月一日出版）。

〈民國時期的「文心雕龍」學〉，文見本年四月三日在日本福岡大學舉辦的《文心雕龍國際學術研討會論文集》（九十四年三月廿三日完稿）。

〈從《文心雕龍．明詩篇》看兩宋詩話〉，文見在高雄佛光山麻竹園，由中山大學召開的《第四屆國際東方詩話學術研討會論文集》九十四年五月廿二日完稿，同年六月三日開會）。

〈古典詩詞吟唱的技法之（一）〉，文見四月出版的《國文天地》。

〈古典詩詞吟唱的技法之（二）〉，文見五月出版的《國文天地》。

〈古典詩詞吟唱見在書錄〉，文見六月出版的《國文天地》。

〈《文心雕龍》與中國古代散文創作〉，本年十二月三日完稿後，準備參加十二月廿一日北京師大舉辦的「中國古代散文學術研討會」，但因天氣嚴寒，氣溫很低，怕適應不良而沒有參加。於九十五年一月六日將本文改寄雲南大學文學院，作爲向張文勛教授八十華誕祝壽論文。

〈李曰剛先生的「文心雕龍斠詮」〉，本年十二月十四日完稿，準備在明年（九十五年）師大國文系創系六十週年召開的「漢學發展學術研討會」中發表，文見九十五年四月出版的《漢學研究之回顧與前瞻論文集》。

〈師大教授李爽秋暨夫人韓敏秋八十雙慶頌詞并序〉中堂一幅（已完成送出）。

〈雲南大學張文勛教授八秩嵩慶頌詞并序〉（已完成寄出）。

民國九十五年（西元二〇〇六年）丙戌，七十八歲。

指導的東吳大學中研所碩士班學生崔家瑜，以《謝冰瑩及其作品研究》，獲得碩士學位。

本年共發表單篇論文三篇，即：

〈潘師石禪在「文心雕龍學」方面的貢獻〉，本年二月二十日完稿，文見《潘師石禪百歲冥誕紀念論文集》。

〈文史奇才范蔚宗〉，本年六月十日完稿，次日即寄交香港新亞洲出版公司。文見由景范教育基金會編印之《范學論文集》第四卷二一五頁至四二二頁。

〈劉勰《文心雕龍》「養氣論」與道家〉，本文爲參加在台灣高雄中山大學舉辦的「第一屆道教仙道文化國際研討會」而寫。文見該校印行之《第一屆道教仙道文化國際研討會論文集》第二七九頁至二九〇頁。以後本文又被轉載在由國立中山大學中國文學系印行，《文與哲》編輯委員會編輯的《文與哲》雜誌第九期一五一頁至一六八頁。

民國九十六年（西元二〇〇七年）丁亥，七十九歲。

指導的國立台灣師範大學國研所博士班學生蕭淑貞，其論文《魏晉山水紀遊詩文之研究》，已獲審查通過，正申請口試中。

高雄中山大學中文系教授廖宏昌先生，決定在本人七九之當年，在高雄由中山大學主辦，花蓮慈濟大學和花蓮教育大學協辦，召開一次「國際性《文心雕龍》學術研討會」，以資慶祝。並擬於六月初舉行，我決定參加，並發表論文。

本年迄今（五月上旬）爲止，已完成的專門著作共二種，單篇論文一篇。

《文心雕龍管窺》，已於元月二十二日　將原稿交印，四月底已三校完畢，正由文史哲出版社籌印中。

《王更生自訂年譜初稿》，已整理完成，四月底完成初校，正由文史哲出版社籌印中。

〈由文心雕龍・序志篇文，看劉勰的智慧〉，此爲參加由高雄中山大學主辦的「《文心雕龍》國際學術研討會」發表的論文，文長約一萬五千字，並於五月二日寄往高雄中山大學。

第四部分：王更生生平紀要

一、幼少時期：由五、六歲，到隨游擊隊去大後方

不要打我媽媽

我生於河南省汝南縣官莊鎮內西北角，張家大院後過車門左邊破屋內。父諱鴻祿，母劉氏諱蘭英。最早，父親以挑水賣水爲生，後來先在鎮上李根榮先生開的茶館當伙計，以後積了點錢，改做小本生意，在街上擺個攤，開始賣鹽、糖、紙、石膏等雜貨，有時也販賣白布、牛皮，遠到漢口等外地做生意。他不識字，記憶力極強，根據我幼兒時的了解，整部三國演義的故事，他可以從頭說到尾。家貧，無立錐之地，租張家一間破屋，遮風蔽雨，聊以存活而已。兒時，我與父母同床共眠，一天中夜，夢中被吵鬧聲驚醒，見父親腳踢拳打坐在牀邊哭泣的母親，即從床頭躍起，正顏厲色的說：「不要打我媽媽！」，父親被我的

突然舉動所感，不再打我媽媽，媽媽啜泣不已。

不再做賭博之嬉

同一個張家大院，好幾家合住，有姓丁的一家，做裁縫業，子女眾多，孩子們常以天九牌為戲。我才五歲，覺得好玩，就和他們家的小孩一起玩。因為年紀小，既不辨輸贏，又不知道是賭博，據說我輸了三、五百文（當時尚用銅板，制錢為貨幣），不時向我追討，事被父親得知，除嚴詞切誡外，並施以重責。我從此不再和其他小孩做賭博之嬉。

體會幼兒流離失所的悲哀

出生當年，有土匪名「崔二旦」者，侵擾地方，燒殺姦擄，無惡不作。接著又有名「老洋人」者，窮凶極惡，尤甚於前。繼而又有叫「白狼」的土匪造反，和國民革命軍唐生智北伐，馮玉祥的西北軍征糧，所到之處，更是扒廟打神，扛著破除迷信，提倡善良風俗之名，實際上是行掠奪搜刮之實。當時父親小腿生連瘡，不良於行。我六歲，年幼弱，不能體會大人苦心，父親卻極關懷我的安危。當匪亂正熾，人民生活一日數警之時，父親命我跟隨同院丁姓人家的小孩們，到汝南縣城內姑奶奶家躲一陣，當時我以六歲稚齡，步行五十華里到城內一個完全素未謀面的姑奶奶家，事先言明，再一塊從城裡返回鄉下，想不到丁家小孩子們竟然不辭而歸，留我一個人在姑奶奶家，既沒有玩伴，又沒有熟悉的親人，每天面對陌生的環境，思念父母之心，無時獲已。年幼、路遠、不辨途徑，遂整天以淚洗面，食不甘味，睡不安枕。從此深深體會一個幼兒無父無母，流離失所的內心恐怖與悲哀。

見肉厭食

幼時因爲家境赤貧，極少吃肉。某年，快過陰曆年了，媽媽竟然煮了一瓦盆紅燒肉，準備祭祖之用。媽媽將這滿滿的一盆紅燒肉放在床邊案子上，極高。我當時五、六歲，聞到撲鼻的肉香，加上平時生活寒傖，少有肉食，便口饞難忍，特別想吃。於是背著母親，爬到床上，兩手攀著瓦盆，一塊塊的紅燒肉便成了我口中的美食，因爲吃得過多，以後即有見肉厭食之感。

爸爸叫我替他記賬

七歲入鄉下蒙學讀書，教室設在種菜的王補釘爺家裡。課本是《三字經》、《百家姓》、《弟子規》，然後又讀《論語》。啓蒙先生就是王補釘爺的兒子王雲清先生，他常向父親誇獎我聰明可愛。當時老師教學生，只把書中字句視同兒歌，學生們只會隨著老師誦讀，筆劃、筆順、寫法、詞義，都完全不知道。父親既在官莊鎮集上做雜貨生意，顧客賒欠，在所難免，他每次都請張家大院的少主人張天佑，幫忙記賬。父親叫我入學讀書的目的，也就在能替他記賬就可以了。某日，集市散後，父親收拾好貨擔，從市集挑著擔子回來，媽媽早把午飯做好，因爲夏天天熱，媽媽就搬張小桌子，準備在大過車門下面吃飯，風涼，不會太熱。父親在小凳子上坐定，拿出煙袋抽著煙，心血來潮似地說：「兒呵！你也讀了半年的書了，先生還誇你很會讀書，認識很多字，今天剛好欠賬的不少，你能替我記記賬嗎？免得我再請你天佑叔。」我突然一驚，看著父親迫切期待的眼神，雖然知道能力有限，但又不敢讓父親失望，只好硬著頭皮答應。於是父親面帶微笑的一邊報「某月某日，某某某，買ｘｘ一斤，欠ｘｘｘ錢」，我就拿起毛筆醮著調好的墨汁，依聲塗鴉。這樣，記了十多天，賒欠的而經我記到賬本上的人也爲數不少了，其中有還賬的，有繼續欠的，有新賒賬的，有賬還了一半需要調整錢數的，都需要加以整理。又是一個午飯時刻，父親拿著賬本，口裡唸著顧客的姓名，叫我按圖索驥，一個一個找出來，還賬的用墨筆劃去，新欠的記下來。事已至此，我看著自己先前滿紙塗鴉的成績，只好說：「我也不知道那個是那個，我寫的什麼？我自己也弄不清楚。」

父親乍聽之下，先是一愣，接著大怒，繼而兩眼落淚，不知是當怒？當怪？當責？當氣？當笑？當哭？一個不識字的生意人，竟然面臨被兒子捉弄到如此的情境；坐在一旁的媽媽也傻了眼，我更是低著頭，雙手揉眼，暗自哭泣，不知所措。回念過去，想想現在，我不只能記賬，反而得到文學博士學位，不知道九泉之下的父親能瞑目否？兒子是否可以稍稍彌補幼小時候，蒙憧無知的失誤呢？

暗自笑媽媽愚昧

八歲的時候，有一次，不想讀書，假裝肚子痛，向老師請假回家，大概是上午十點左右。媽媽正忙著晾剛洗好的衣服，問明原因，察顏觀色，知道我說謊，假裝不知道，就給我做了一碗麵葉湯（把麵捍得很薄，切成小片，如同樹葉，叫麵葉，專供病人食用，算是窮人家高尚滋補的食物），湯裡還打了一個荷包蛋，媽叫我吃下後，既然是生病，就叫我躺到牀上，蓋著被子休息。我睡在被窩裡，正暗自笑媽媽的愚昧，那麼容易上當，就在慶幸自以爲得計之時，媽媽走到牀前，揭開棉被，照著我小屁股上猛打，嘴裡還一直罵著：「你這麼小就會騙人，騙別人也罷了，連媽媽也騙；你真的生病嗎？快收拾書包上學去。」媽掂著我的耳朵到教室（私塾距離我家約三百公尺）。

抱着娘親大哭不已

在私塾裡讀《孟子》，《孟子》文章長，句子不容易記，所以鄉間流行著「上《孟子》，下《孟子》，打著學生鑽洞子」的順口溜（鑽到桌子下面，不讓老師的板子打到），我就是被老師打得鑽洞子的學生之一。上午教的，下午要背，下午教的，明早要背。一天到校讀書三次，一次是早學（早自習），一次是上午學，一次是下午學，有時候晚上也要上晚課。有一天，老師很早就到校，滿堂學生像一群晚歸的烏鴉，都在高聲朗誦，準備老師點名背書。不幸，這天早晨，我的《孟子》沒能熟背，老師罰我「留學屋」（就是看教室的意思），不准回家吃早飯。同學們都回家了，只省我孤伶伶的一個人，三間大的教室又大又暗，靠左牆邊還停放著兩口棺材，我害怕，便走出教室外，站在門前一顆大楊槐樹下讀，時已日上三竿，大約上午九點左右吧！有的小朋友早飯後，都已來校上學了，日光透過樹隙，照在我羞慚、肚飢、手顫、失神落魄的臉龐上，正不知如何面對爹娘的時候，忽見娘親手拿著熱騰騰的白饅頭，夾著滷豬肉，滿臉微笑地從外面走來，送給我吃（這是我最喜歡吃的食物，因爲生活艱難，爹娘從來不捨得花錢買給我吃的），想不到在我被老師處罰不會背書之時，竟然送來夢寐以求的食物給我吃。我不禁悲從中來，淚如雨下。當時跑上前去，抱住娘親大哭不已！

年幼思家

九歲時，讀官莊鎮基督教信義會福音堂小學三年級，一大間教室，只有十多個學生，各年級都有，老師楊培厚先生。高挑的身材，一襲藍布長衫，三十歲出頭的年紀。課本皆新編教材，較過去在私塾讀的《論語》、《孟子》容易得多。那時有三門課：一是國語，二是算術，三是常識。其他還有唱遊等。我算術差，常識很好。楊老師以爲我可以去汝南縣城內讀信義小學五年級。爲了未雨綢繆，楊老師特別用油光紙訂個簿本，每天用毛筆正楷寫十道常識問答題（類似現在的升學指導），內容包括史、地、自然、社會等科，凡四年級學生應該知道的問題，他都參考時需，督促我熟讀成誦，以備將來進城讀書之用。就在民國二十六年（西元一九三七年）的暑假以後，楊培厚先生被聘爲信義中學的圖書館館員，我也隨著他一起去汝南縣信義小學讀五年級。

大概在信義小學讀了三天，一切生活都不像在家那樣自由、方便，又非常思念娘親。有一天上午，校長到教室，坐在我對面，問我頭上留的花頭尖（當時鄉間小孩，在囟門上留一撮像巴掌大小的一片頭髮，俗名花頭尖），可不可以和其他同學一樣，改成小平頭？又說：「別的小朋友都穿襯衫，你可不可以不穿現在對襟的上衣。」我當時直截了當地回答說：「不可以，這是媽媽叫我這樣的，不可以。」我對學校的生活很不習慣，所以在第四天的早晨，沒給楊老師報告，便暗自收拾好行李，趁著大清早，神不知、鬼不覺地溜出城回家。

當時出了汝南城南門，照著官莊鎮的方向，直奔而去。是下午五點多鐘吧，夕陽西下，大地有點兒昏黃的時刻，方才到家。娘正站在門前凝視著遠方，她絕對沒料到此刻出現在眼前的，竟是離別數日的愛兒，母子倆擁抱痛哭，娘一邊擦眼淚一邊說：「能回來就好，不讀就不讀吧！」一夜過去，次日，我又回到福音堂小學。誰料住堂的牧師，原爲越世齡先生，現在換成郭中峰先生，小學的老師是一個女的，叫李愛蘭，聽說是百泉鄉村師範才畢業不久的實習老師。他（她）們知道了我由城內回來的原因後，說我是年幼思家，又乏人照料，是值得原諒的。都勸我到校重溫舊課，明年再回汝南讀高小五年級，這時，在我小小心靈裡，還真有點後悔，爲什麼不留在城裡繼續讀下去？讓老師和父母們擔心！

感激史地老師劉積聖先生的教誨

十一歲，讀汝南縣基督教信義小學五年級。劉積聖老師教我們的歷史、地理，信陽義光高中畢業，三十歲不到，留東洋頭，一臉落腮鬍子，中山裝（有時一襲長衫），畢挺的鼻樑上，架著一幅銀邊眼鏡，白淨、儀容整潔，史地知識的豐富是一流的。當時抗日戰爭已進入第二年，民族存亡的聖戰，已面臨重要關頭。師生均留心時事，所以學校趁著每週一次在教堂上週會的時候，請他做「世界現勢專題分析」。現場有幾百人聽講，都鴉雀無聲。

他給我們上史、地課，從來不帶課本，無論手指、口說、筆畫、板書，無不條理井然，如數家珍，令我中心欽敬。我一生在中外史地方面還算有些基礎性的認知，都得感激劉積聖老師的教誨。

父親臉頰上綻放出燦爛的笑容

第一次進城讀小學五年級，想不到時光荏苒，寒假就快到了，我的學業、操行成績，雖然名列班上的前茅，但父母不識字，很難讓他（她）們了解我在校努力的成果。於是我想到一個新點子，如果寫大楷若干，小楷若干，裝訂成冊，呈給父母看，一定能博得他（她）們的歡欣。主意打定後，就到文具店買些毛邊紙，筆墨現成的。就趁著課餘和週六下午、星期天三個時間，寫了大楷三十張，小楷三十張，分別裝訂成冊。放假了，揹著行李，冒著刺骨的寒風酷雪回家後，父母看到我寫的大、小楷，果然笑逐顏開，連住在張家客房的小陳先生（一位在市集上開西藥房的無照醫生，聽說是河南臨潁縣人，他有個兒子在官莊鎮的中心小學讀五年級，歲數和我差不多）。小陳先生聽說賣鹽家有個男孩從城裡回來，又很會讀書、寫字。還專門到我家，把我寫的大、小楷、成績單拿回家，給他兒子看。第二天，他又介紹他兒子給我認識，並當著我父母的面，一再誇讚我成績優秀，是個讀書的材料，千萬要好好栽培。父親打從內心歡喜，我還是第一次看到在他那滿布風霜的黝黑臉頰上，綻放出燦爛的笑容！

媽媽的眼淚，滴在我的手面上

爸爸是位勤儉務實的鄉下人，時常在茶餘飯後告訴我：「我們鄉下人，無論是下地幹活，或上街做生意，手拿著鋤頭，肩挑著擔子，頭上頂的是火熱的太陽，腳下踩的是堅硬的土塊，汗像黃豆般的，一顆一顆從頭髮稍裡，順著脊樑溝，直淌到腳跟，這樣子換來一點蠅頭小利，攢點錢，不容易呀；你在城裡讀書，千萬不能像那些富家子弟，隨便揮霍！」所以我每次在開學註冊、或假滿返校時，頭一天晚上入睡前，爸爸總在吃飯的矮桌前，拿著銅板當算盤（因爲爸爸不識字，更不會打算盤，乃以銅板計數），核計我去城內讀書的開銷如學費、雜費、書籍費、住宿費、伙食費等，必須支出的費用若干？算得涓滴不漏，就是城鄉來往的路費，文具費，和不得已化用的零食費和必須的交際費，完全不計算在內。

我母親看在眼裡，痛在心裡，不忍兒子在外抬不起頭受人譏諷，所以每當我揹著行李，噙著淚水，跨出家門，繞過張家大院的圍牆，沿著王補釘爺菜園子外的大池塘，走到彎腰老柳樹夾岸的過車馬路，向著官莊鎮北門走去時，總在這個時候，聽到遠遠傳來娘親呼喚愛兒的聲音：「小福！等等！不要走！等等！」一個瘦削，中等身材，穿著藍布短衫，紮著綁腿，面容清秀，中年不到的小婦人，從後面疾步追來。我知道一定是娘親，就急忙轉過身來，緊跑幾步迎上前去。

這時，娘親從口袋裡掏出幾百文錢，交到我手裡，口裡還叮嚀著：「你爸爸做小本生意，掙錢不容易，你把這些零用錢留在身邊，需要的時候再化。」媽媽又說：「你娘在家從來不存私房錢，就因爲看你爸爸錢算得太苛，怕你在城裡被同學們看不起，所以才……」說著說著，媽媽在爲我整理衣物時，她的眼淚，滴在我的手面上，我也含淚而別。

人生得一知己很難

葛世英，字豪，同學多戲稱，叫他「一毛錢」。河南省上蔡縣金鄉鋪人。我讀汝南信義小學五年級，他讀信義中學二年級。可是他的年齡卻長我一倍還多。因爲大家都住校，又在學校的大伙房搭伙，接觸的機會自然比較多。尤其每天下午四點半放學後，不是在操場打球，就是在教室溫習當天的功課或做一些藝文活動如辦壁報之類。

葛世英中等身材，圓臉，胖瘦適中，面目清秀，兩眼烱烱有神。琴、棋、書、畫、口琴、二胡等，俱有多種才藝，而且都很精到，尤其書法，小楷渾圓篤實，體如其人，大楷臨歐，走筆清俊明快，有煙雲凌空之勢。國畫，擅長四君子，四君子中又以竹爲最，觀之，有臨風搖曳，獨立物表之概。他名曰「世英」，但從不以英才傲人。

我和葛君本不相識，在一個偶然的機緣裡，他可能看我人小誠篤，資質不笨，兩人一見如故。從此，他經常利用課外休息時間，在五年級教室裡，教我《古文觀止》。譬如現在膾炙人口的文章：王勃的〈滕王閣序〉、陶潛的〈歸去來辭〉、〈桃花源記〉、李密的〈陳情表〉、魏徵的〈諫太宗十思書〉、李白的〈春夜宴桃李園序〉、李華的〈弔古戰場文〉、杜牧的〈阿房宮賦〉、韓愈的〈祭十二郎文〉、〈祭鱷魚文〉、歐陽脩的〈相州晝錦堂記〉、〈秋聲賦〉、蘇軾的〈前赤壁賦〉、王安石的〈讀孟嘗君傳〉，還有李斯的〈諫逐客書〉、賈誼的〈過秦論〉，以及《春秋・左傳》裡的〈鄭伯克段於鄢〉等都教過。他還會作詩塡詞，當時我不過十一、二歲，五、六年級的功課已夠重，我又熱愛閱讀古典小說，像羅貫中的《三國演義》，施耐庵的《水滸傳》，抱甕老人的《今古奇觀》，還有《東周列國志》、《後東周列國志》，以及《包公案》、《施公案》、《彭公案》、《七俠五義》、《小五義》、《續小五義》，另外帶點兒風月色彩的《西廂記》、《玉梨魂》，純粹描寫作戰的，像《粉粧樓》、《薛仁貴征東》、《薛丁山征西》、《羅通掃北》、《五虎平南》、《說岳全傳》，內容富有神怪性質的像《濟公傳》、《西遊記》、《封神榜》，書中詩、詞多，文字較深的，如《花月痕》、《燕山外史》等。當代散文像巴金、魯迅、張資平、郭沫若、朱自清、徐志摩、丁玲、冰心、冰瑩、蘇雪林的作品、或專集、或合集、或選集，也看過不少。這些古典、新潮的閱讀興趣，都和葛世英的影響有關。

不僅如此，他教我古文的時候，特別要求背誦，譬如這個星期教的王勃〈滕王閣序〉，下週一定要背得滾瓜爛熟。有時白天大家有課，沒有時間，晚上在十點鐘晚點名後，人都入睡了，他把我從牀上叫起，到後面小操場，在皓月當空，樹影斑駁下背書。如果我背的上氣不接下氣，他馬上加以提醒，甚而單字的讀音，典故的來源，句子的意義，全文的要領，他都會問。讓我最佩服的，不是他的多才多藝，書讀的多，出口成章，而是人品高潔，從不向我要求些什麼，如果我亂化錢，他一旦知道，就馬上勸止，毫不留情。

他對我讀書，要求很嚴，但日常相處，又極具親和力，記得一個星期天上午，我們約好在五年級教室教陶淵明的〈歸去來辭〉，當全文串講結束後，他突然說：「我給你起個筆名『東籬居士』，以後作詩、為文，或給我寫信，都以此自署。」後來，為了逃避日寇的迫害，國軍的橫征暴斂和拉伕，輾轉流亡到甘肅清水，讀國立第十中學附設師範部時，我和志趣相投的同學，辦了一份《塞風日報》，我便以「東籬居士」之名，寫了一篇記敍體的小說〈奔流〉。以後又因國共內戰，渡海來到台灣，辱忝大、中、小學教師之列數十年，甚而有很多古文名篇，到現在還能出口成誦，這固然其他主、客觀因素很多，但葛世英先生當年對我的督教，確實起了重要作用。人生得一知己很難，得一知己而又不計年齡，不計身分地位，純粹教我讀書做人之道者更難！

歷盡艱難好做人

汝南縣信義小學畢業了，準備繼續讀初中。當時我十四歲。對升學考試不很了解，亦不知升學為何物？加上父母不識字，對教育之事一無所知。所以我就跟著其他同學，一起去汝南縣城內察院街省立第六中學投考初中一年級。

入學考試，只考國文、常識、算術三科。算術本來就不好，考的差，是意料中事。常識由於準備不夠，成績平平。國文只出一道作文題，其他什麼都不考，題目是「歷盡艱難好做人」，意思都懂，只是論證方式和內容材料不足，寫的不切題。結果沒有考取，最後還是回母校——信義中學讀初中一年級。由這次升學考試，讓我體悟三件事：一、任何考試均需事先充分準備，很少徼倖。二、父母的知識水準，對子女有絕對影響。三、「歷盡艱難好做人」在我的腦海裡，烙下不可磨滅的印象，幾乎成了我人生的寫照，和工作的南鍼！

家鄉大饑荒

繼續在汝南縣信義中學讀二年級。

民國二十九年（西元一九四〇年），河南開始鬧旱災，到了三十年，我的家鄉尤加嚴重。不但使農民整年顆粒不收，再加上旱災之後的蝗災，夏秋之間的蟲災，真是哀鴻遍野，路有餓莩，十室九空，盜賊如毛，民不聊生。當年春天，學校舉辦郊遊活動，此時蝗蟲自北而南，聲如雷鳴，霎時之間，遮天蔽日，如狂風驟雨，落地之後，不一時，原本青青的麥田，只賸下禿根枯莖，整個春麥，收成絕望。哀哀蒸黎，仰天長歎，不知今明兩年生活又將如何挨過。

冒險探望娘親

抗日戰爭已到最後關頭，汝南縣淪入日人之手，我失學在家。民國三十一年三月，我到離官莊鎮西北約七里的宋灣，同宗的爺爺王有道先生設一學館，於該村西頭一戶人家的三間空房內，學生七、八人，年齡皆十多歲，爺爺教我《論》、《孟》、《學》、《庸》、《詩經》，每天苦練毛筆字。八月上旬某日，鄉人走告，說有日軍若干，從宋灣渡河南下，經村頭大道直取官莊而去。這時正是下午兩點左右，爸媽都在集上做生意，我擔心爸媽安危，於是背著爺爺，偷偷地從宋灣一路潛行，經寨的西北角，沿河邊小徑，準備進入鎮上，不料，在河邊寨牆缺口處，被日軍衛兵發現，用鎗頂住我的胸膛，以中國話問我什麼人？到此何幹？我毫無畏怯之色，正顏告訴他，我回來探望娘親。日兵看我年少，不避凶險，很是感動，放我過去。返家後，我娘正在晒衣服，見我有驚無險，平安歸來，喜極而泣！

別時容易見時難

日寇佔領汝南縣城後，不時四出擄掠，弄得民無寧日，再加上中共的新四軍，中央政府的國軍，游擊隊和一些不知名的雜牌軍，常常是一日數警，尤其家有年輕的女孩，更是提心吊膽，不知何時才能脫此苦難。當年的十二月，正是寒冬將盡，陽春欲回之際，官莊集上已無往年過年的氣氛，人心惶惶，都不知道明天還能苟活否耶？某夜，八時左右，福音堂郭中峰牧師突然來家，緊張的氣息，使屋子裡的空氣凝固得透不過氣，不知要發生什麼樣的大事！

郭牧師告訴我爹媽，現在有一個中央軍的砲兵營，經過這裡，準備明早開拔，到南陽去。營長姓吳，好朋友，可信賴，我準備把我的大兒子郭振興託他送到南陽升學，以免在淪陷區遭到不測；如果你的小孩王更生有意隨軍前往，這真是千載難逢，請迅速決定。假使同意的話，明天早晨即隨軍上路。爸媽和我商量後，立即決定去大後方，爲自己別開一條人生之路。

就在民國三十二年陰曆的年初二，早晨，冰天雪地，我緊跟在吳營長的馬後，走到離我家正東不遠的土地廟口，大路兩邊擠滿了左鄰右舍的鄉親，外婆買了幾根削好的甘蔗，從人縫裡塞過來，給我，沒有看到爸媽，我想他（她）們一定在家裡流眼淚，爲他（她）們獨生愛子的命運，在禱告天地祖宗的護祐吧！從此，我離開了可愛的故鄉，成爲浪迹天涯的遊子。

白雲悠悠，朔風淒冽，不知何年何月，才能再回到生我、長我、養我、育我的故鄉；和愛我、疼我、體恤我、關懷我的娘親的懷抱。「別時容易見時難」，更何況是毫無休止的連天炮火！一路上想到這裡，我的眼淚，就和著額角的汗水，滴滴落下……。

二、流浪時期：由十八歲到二十一歲，四海飄泊

奄奄一息者十多天

民國三十二年（西元一九四三年），十六歲，正月初二日晨，大雪紛飛，朔風似刀，我去家西行，準備到中央政府統治的大後方，另謀生路，找個繼續學業的機會。

二月，經南陽，轉內鄉，去赤眉城河南省政府教育廳，詢問有無就學的可能，負責人說可以把我們分發到由省政府近年成立的臨時收容學校「戰一中」或「戰二中」讀書。我

想，既然離家出外，走得越遠越好。聽說前天剛剛送走一批去新疆「邊疆學院」的學生，現在只有陝西鳳翔「戰地失學失業青年就學就業輔導處」還在招考新生。我欣然報名，並通過一個簡單的口試和「自傳」寫作，很順利的被錄取了。同來的郭振興，報名到西安王曲陸軍官校第七分校二十二期炮科入伍受訓。我則單槍匹馬從內鄉步行，經西峽口，進入橫亙在豫陝邊區的秦嶺，經商縣、商南，翻過秦嶺最高處的「五龍口」，到陝西藍田，再由夜胡村進入西安，先住西安小南門外的一家客棧，再探聽去「輔導處」的消息。

按照通知上註明的集合時間、地點，搭隴海鐵路火車，由西安到扶風下車後步行，越土坡、過丘陵，從上午十點走到日已斜西，才到鳳翔「輔導處」，三月初的天氣，尚有寒意。我們這一群狼狽的淪陷區來客，其中有年長的大學生，有小到尚在唸小學的小孩，我只有十五、六歲，算是尚未成年的大孩子，大家都飢寒交迫，悶聲不響，聽接待人員指揮，蹲在一座圍牆邊，飽含菜色的一雙大眼睛，正等著發饅頭吃。饅頭送到手上，天已接近黃昏。我吃不下，有點頭痛、很睏、口乾、四肢無力，醫務人員說我因爲長途勞頓，想家，又重感冒，滿嚴重的。朦朧中，恍惚記得被人抬到一個土炕上，昏沈沈的，形同半死。如此奄奄一息者十多天，病體逐漸好轉，元氣、體力稍有恢復，始略進飲食。

別有一番滋味在心頭

「輔導處」是一個半兵半學的救濟機構，全部軍事管理，內分總隊、大隊、小隊；有總隊長、大隊長、小隊長，層層節制，管理嚴格，早有早點名，晚有晚點名，早點名後上早自習，八點開始上課。一天兩餐，上午十點發一個大饅頭（名叫「槓子饃」，每個饃約重十二兩半），下午四點半，發一個大饅頭，進食時，以隊爲重點，按照各隊的編制，五人一桌，每人帶著自己的矮凳，由小隊長帶往指定地點，全體落坐後，分發饅頭食用，有時配青菜湯，有時配白開水，談不上什麼營養，只可謂「苟延性命」而已！

當時上課地點，在所駐營房隔壁的周公廟，廟很大，離開寢室（指營房），通過穿牆的圓形拱門，便是廟內寬廣的人行步道，路兩旁種有許多雙手合抱的彎腰老柳樹，綠葉成蔭，遮天蔽日，尤其當春陽匝地，柳絮初飄，片片雪花般的飛舞於空中、地面、身上、臉頰，迎面撲來一團團，一縷縷，牽引著別來無依的遊子感情，真是別有一番滋味在心頭！

我中午從來不午睡，當時物質缺乏，說是讀初中二年級，既無書籍，又無簿本，公家不發，自己也無力購買，五、六個同學分配一本書，又不見得合用。也是自己的愛好，我每天用毛筆手抄借來的高中國文課文，如〈李陵答蘇武書〉、〈報任少卿書〉、〈陳情表〉、〈前、後出師表〉等，抄完後，就藉著中午午睡時間，坐在柳蔭下的石凳上，高聲朗誦，讀熟爲止。

命運像一隻看不見的魔手

民國三十四年（西元一九四五年）八月底，在甘肅省清水縣設校的國立第十中學校長親來鳳翔「輔導處」招考新生，我參加了十中的招生考試被錄取後，不久，便隨著考取的幾十位同學，經隴州、汧陽，越天山，到甘肅省的清水縣（清水，史稱古上邽，這裡是古來兵家必爭的邊塞要地），舉目四望，山低河淺，除了蕭蕭白楊，矗立在蒼涼的四野外，厚實的黃土高原，成了唯一的點綴。

民國三十五年（西元一九四六年），我十八歲，在清水國立十中附設的師範部讀二年級上期，食衣住皆有公費，八年的抗日聖戰，已在客歲八月獲得最後勝利。今年復員返鄉，國家發給每位學員五萬多元的返鄉路費。六月底，整個學年度結束後，同學們紛紛作返鄉之計。有親的投親，無親的結伴，男女同學眼看就要珍重再見，各奔前程了，不僅有依依不捨之感！我和十幾位同學由清水出發，轉經天水的北道鋪，沿隴海鐵路（此時火車不通），去陝西寶雞，再搭火車經西安而洛陽而鄭州而駐馬店，大概是當年的七月某日，終於回到了我久別而魂牽夢縈的故鄉——汝南縣官莊鎮，爸媽都搬到新蓋的房子去住，而我又可以和過去在汝南信義中學讀書的老同學話舊，可說是人生樂事。

八月，得學校通知，國立十中已遷回河南新鄉「城南莊」，奉令改名爲「河南省立中正學校」，限九月初到校報到註冊。爲此，我又開始整理行裝，離開爹娘，按時返校。國立十中改名爲「河南省立中正學校」後，爲同學們所不喜，大家仍自稱「國立十中」。師範部學生上課及宿舍都在城內的孔廟。廟十分破舊，神龕、塑像、香爐、祭祀用的桌椅等一切設施，皆空無所有。我們以草蓆鋪地，住在後大殿，大殿年久失修，四壁斑駁，樑柱被白蟻腐蝕殆盡，每遇風雨襲來，同學們皆提心吊膽，深怕有不測之禍將臨也！

我們這一群隨著學校到處流亡的青年學子，就以此危廟做爲暫時遮風蔽雨，繼續學業的棲身之所。而於此同時，新鄉城外的國共內戰，正燃燒著熾烈的怒火，不分晝夜的連天炮聲，向我們猛撲過來，也許命運就像一隻看不見的魔手，故意要和我們這些亡命天涯的遊子們玩弄他那恐怖的把戲吧！

這是一場生命中的浩賭

民國三十六年，暑假後，我已是國立十中附設師範部三年級學生。學校早在半年前，即因國共內戰日趨嚴重，新鄉周邊吃緊，爲了安全起見，奉令遷往黃河以南的鄭州。高中部暫設市郊的「大司馬」，師範部設「薛岡」，初中部設「孫莊」，小學部在「烏龍口」。學校行政部門在「烏龍口」辦公，全校綿延數十華里。春季班結業的師範部學生，已在鄭州市大同路「大同實驗小學」實習。這年冬天，我住薛岡，沒有回汝南老家。與同班女同學W常相往還，談話甚得，日久生情。暇日，常同遊附近村莊，訪問民居，或於春麥吐秀之時，下田野踏青，或於寒日垂暮之際，數天邊歸雁；當南來北往的火車，鳴著長笛，駛過南洋車站的時候，我們更像追風的孩子，隨笛聲而忘情奔馳於原野之上，當時的「薛岡」、「老鴉村」、「烏龍口」、「鄭州」等地，都成了我們遨遊的去處。

事被同班同學王君看在眼裡，心生嫉恨，也許他對W久萌愛意，隱忍未發，看到我捷足先登，當然不是滋味，常思用計撤散，於是陰結同班好事者，互相密謀，欲有所行動。其實，我早知其如此，只是不知如何應付。況且我對W雖有傾慕之心，畢竟限於同班之誼，對其家庭、身世、志趣、思想、觀念，以及事業前途，均談不上深入了解。再說，我來自窮鄉僻壤的農村，她出身既富且貴之世家，所謂「齊大非偶」，眼前的相處愉快，未必就是將來結合的保證。我常想「天涯何處無芳草」，只要自己有真本事，努力拼搏，大丈夫又何患無妻！可是王君竟視我爲霸佔其女友的眼中釘，醋海生波，除之後快。而我心地坦蕩，仍不時和W在住處密會，似不知大禍之將至也！

冬去春來，這是我在師範部讀書的最後一個學期，大概是三月中旬的那幾天，距二月初開學也有一段日子了。某一個星期天下午，有春季班的畢業同學趙君來訪，當時他被分發到「大司馬」十中附屬小學任實習教師。我也正想聽一聽他的分發過程和實習心得，兩人便在住處，不拘形迹地閒聊，孰料時光易逝，已日落黃昏。晚飯後，趙君說今夜和我同住，可作長談。當日天冷氣寒，談話中不覺入睡。也許是下半夜，或天亮之前，忽然闖進屋來兩三個彪形大漢，用預先準備好的泥土，向我倆床上丟，既非劫財，又不是害命，顯然是警告的意味。趙君驚魂甫定，告訴我，此絕非中共諜報人士所為，一定是師範部本身的同學挾怨報復。天亮後，趙君返回「大司馬」，我到另外的同班同學石君、楊君二位住處，說明昨夜發生的事，石君說顯然是警告你，不得再和w來往；據側面消息，如果你們繼續來往，他們還會採取進一步更毒辣的行動，最後又以警告的語氣，勸我是否考慮暫時休學離校，以免再生枝節。

當時國共內戰，已延燒到鄭州周圍，社會治安不良，學生人心浮動，到處貼的都是反飢餓、反國民黨、反政府的標語。我因為經驗不足，又惟恐性命遭到不測，雖然知道是王某所為，但難以掌握確實證據，即令掌握證據，亦無可奈何？於是當天到趙君住處停了一個夜晚。第二天到鄭州「大同實小」見賀君，說明此事發生原委和我目前遭遇，賀同學認爲這些人完全失去人性，不可理喻；既然事已至此，明爭、暗鬥，均非所宜，最好的辦法是另謀出路。第三天，大約是下午四點，潛回薛岡找石君，我看石君等人也趨炎附勢，被王某這夥人收買，他促我到校向師範部主任劉老師報告後，迅速離開，因爲這些人什麼事都做得出來。約六點左右，同學們晚餐已過，我到劉主任辦公室，剛好主任不在，劉主任夫人（她在初中部任教職），抱著小孩在辦公室床邊坐。我當時先向劉師母自我介紹，並說明目前遭遇，幾天沒有到校上課，完全是因爲王某醋海生波，我本人並沒有和人打架鬥毆或做違規亂紀之事，希望主任能明察真相，了解此事發生的根本原因。

我離開主任辦公室時，壁鐘剛好打著六響，上晚自習的同學，都分別手持油燈，像往常一樣，從村子的四面八方，三五成群的走向教室，只有我一個人在主任辦公室外踱著方步，不知何去何從。同班同學有的用驚訝的眼光看著我的出現，有的趨前示意，叫我離開此是非之地，更有的遙指背後的人群，意思是說王某已準備採取行動。我看他們大多不懷好意。來校的大門已被他們這些好事者堵著，主任又恰巧不在辦公室，一旦他們動起粗來，更沒人保護我的安全；再說此時此刻，已經沒有法律，沒有校規，沒有師生之情，同窗之誼，更沒有理性可言，完全是一群不計後果的暴民；想不到一件非常單純的男女間談情說愛，毫無深仇大怨的事，最後，竟演變成如此的複雜無奈，如此的無法無天。加上當時鄭州的局勢緊張，一批批高中部的學生分別向中共靠攏，成群結隊赴延安，上抗日大學，我多方衡量眼前情勢後，決定還是一走了之，看他們能橫行到幾時。

既經決定，便走到學校的後圍牆，牆爲土砌，約六尺多高，平時很難踰越，爲逃命計，此時，我便一個箭步，挺身而上，兩手撐著牆頭，腰輕輕向外一轉，一躍而下，踏著牆外半尺高的麥苗，方才鬆了一口氣，抖一抖身上的塵土，迎著原野上微風吹動的麥浪，和夕陽殘照的餘暉，心想：爲了和W往來，竟然賠上了自己的學業和前程，甚而連生命也遭受到嚴重的威脅，爹娘也不知道內情；自己更感覺苦惱的，是在這個師範部即將畢業而又未能畢業的人生十字路口，今後我該走向何方？是響應中共號召，隨著大家赴洛陽，轉延安，上抗日大學？還是跟著已在鄭州各地招兵買馬的青年軍，去台灣接受新兵訓練？再就是回家，跪在爹娘膝前，坦白說明事實經過，從此繼承爹娘的家業，半商半農，做一個孝子賢孫，永遠受左鄰右舍，親朋故舊們的白眼？我一面走，一面想，最後決定拿我的一生做賭注，向命運之神，作永不投降的挑戰！這天晚上，我住在賀君處，輾轉反側，整夜不能合眼！

東方泛起了多彩多姿的朝霞，身上剩的錢無多，而來日又方長，離開大同實驗小學的巷口，沿著一條清淺水溝向市內走去。在路邊小攤，買了兩個大餅充飢，然後向著回頭的路上走，覺得無聊，剛進巷口，遇到W和CHI，她們見我到來，馬上說明來意，希望我跟她們一起去「XX辦事處」一趟，上午九點不到，「XX辦事處」已經有人上班，我立在門外，順着公司的大門，看看週遭的環境，她們入內不久，取來三十萬金元劵（在當時爲數不小）給我，做爲對我的抱歉和補償。我想：不拿吧！「怕對方難過」，拿著吧，「又覺得愛情的代價是可以用金錢衡量的嗎？」最後，我還是把錢裝進口袋，在再見聲中，轉身離去。這時，許多往日和W相處的溫馨畫面，像連續劇般，在我的心底、眼前、腦海裡，不停地翻騰和轉動著！

我接著走向市區，看見一處張貼青年軍二〇五師「招收新兵」的告示，我思考至再後，走進辦公室，由一位青年軍官出來接待，並負責解答投軍的各種問題，我當時也是逼於無可奈何，因爲有書不能讀，有校不能回，有家不能歸，有友不能靠；又面臨國共內戰，無日或已的惡鬥，無親無故，進不知何往，退不知何歸？回想過去，面對未來，對我而言，這不僅是一場時代的浩劫，更是一場生命中的浩賭！我毅然決然的報名參軍。

即日起，跟著其他有志一同之士，住入營區，每天三餐不缺，除早晚點名外，沒有任何訓練活動，也算得其所哉！大約兩週後，就是民國三十七年的四月下旬，兩百位左右失學失業，不願在國共鬥爭中掙扎，志願投效軍旅的年輕人，各自肩負起自己簡單的行囊，隨著帶隊的軍官，搭火車抵徐州後，再轉往安徽蕪湖，和其他地區招募而來的新兵進行整編。五月上旬到上海，不久，就改搭輪船去台灣。可能是五月中旬某日，船抵基隆碼頭，遙望海天茫茫，近觀群山聳翠，和兩邊夾峙的隩形峽口，形勢險峻，港埠天成，我立在船頭甲板上，向著西方的雲天揮手，大聲地喊：

再見吧！長我育我的中華大地！

再見吧！生我、養我、教我、出入腹我的爸爸媽媽！

再見吧！和我共同渡過一段悲歡歲月的W小姐！

在此風高浪大，獨立物表之外的台灣寶島，我決心收拾起破敗不堪的心情，找回迷途失所的「自我」！今後即令前途再艱難、再嚴峻，我也要為自己的理想和前途奮力拼搏。過去的一切已成雲煙，未來的幸福正等待追尋。身在異域，心懷故園，模糊的眼淚，隨著拍岸的驚濤，又似乎看到爸爸臉上豆大般的汗珠，沿著額角涔涔而下！媽媽喚兒的聲音，又忽高忽低的迴盪在依依柳梢之間！此時沒有醉人的樂章，但大自然卻為我譜出了生命中最值得紀念，最動人心弦的悲歌！

三、在臺時期：由二十二歲到七十歲，成家立業

為自己的人生，重新點染了希望之燈

民國三十七年（西元一九四八年）的五月中旬，某日，火車自北而南，到高雄鳳山下車後，軍車馬上把我們這些身心俱疲而又心懷戒懼的新兵們，送到「新兵訓練中心」。

「新兵訓練中心」現處高雄鳳山何地？由於往事如煙，印象已十分模糊。我們從鄭州投軍而又分發同一個連的老同志們，只有三個人，一位姓張，河南信陽人，身材稍矮，白淨，臉上有幾個散碎麻子，兩眼有神，說話略嫌遲頓，鄭州市私立黎明高中畢業，有個表哥在新竹炮兵要塞任通信官。另一位姓陳，安徽阜陽人，一百八十公分的身材，膚色黝黑，眼睛深凹，標準的印第安人模樣，他有個姐夫兩年前來台，目前在台南女中任英文教員。他們彼此早就通信連繫，希望藉此新兵受訓，俟機脫離，另謀生計。只有我，單槍匹馬，孑然無依，而又決心和惡劣的命運搏鬥，想在寶島台灣闖出一片天空。

連長，陝西人，三十歲不到，留小平頭，面如刀削，鼻樑直挺，兩眼散發兇光，滿口鄉音，身材高大，雙肩厚實有力，臉上經常掛著笑容，同連兄弟多戲稱其爲「笑面虎」。

對人極苛虐，尤其是對我們這些剛由大陸召募而來的新兵，經常疾言厲色，大家恨之入骨。

訓練極嚴格，由基本教練開始，接著打野外，人都說：「打野外，小禮拜」，意思是可以混水摸魚，輕鬆自在；但對我而言，簡直是不折不扣的夢魘與痛苦。因爲我有一百七十五公分的標準體型，精神健旺，膂力過人。我是班上的排頭，每天扛著十多公斤重的加拿大造機槍，或小鋼炮的炮筒和底座，奔走於各種不同的地形地物之間。整隊回營的路上，即令累得氣喘如牛，還得高唱軍歌，以氣壯山河的聲音，突顯昂揚的軍紀。如果步伐、聲調、秩序、行動上稍有差池，這頓午餐或晚餐，就可能化爲基本教練，或改吃連長的老拳。

基本教練以後是排教練，接著連教練和營教練，最後是團教練。我們這一連隨著全團向台南方向開拔，記得在「路竹」一帶，和假想敵發生遭遇。頭上頂著火傘般的太陽，身旁圍著高過人頭的甘蔗林，腳下踏著高低不平的田埂，大家都在不辨方向的情況下，奮力進擊，至於雙方勝負，只有留待主持演習的高官們去評鷺了！

我們新兵集訓已屆滿三個月，八月底某一天，我病倒了，上吐下瀉，不思飲食，全身疲睏，四肢無力。連長以爲事發突然，馬上派人用擔架把我送到距連部約一千公尺遠的衛生連醫務室。據軍醫診斷是「中暑」和「急性腸炎」，必須住連觀察。當晚，張、陳兩位隊友請假來看我，我們在病床邊密商逃亡大計，隔日又聽說國共內戰吃緊，部隊即將於最近開赴青島作戰，消息傳來，更增加我們臨戰脫逃的行動和決心。其實，我們三個人平常在午休和出操、打野外時的密謀，以及和營外親友的連繫文件，早在軍方掌握之中，當我因病在衛生連休養的第五天中午，時間可能是八月底或九月初，有一位荷槍實彈的士兵，隨著憲兵走到我病床前，促我帶著隨身衣物去團部，我知道事跡敗露，紙包不住火，既然如此，也只好硬著頭皮前往。大約二十分鐘後，步入一幢守衛森嚴的大樓中廳，我一眼就看見人高馬大，鷹眼鉤鼻，滿口鄉音的那位「笑面虎」連長，和張、陳兩同志，也都像我一樣雙手帶著手銬，面無表情，呆若木雞般的站在連長旁邊。靠右稍遠有兩位手持卡柄槍，全副武裝的憲兵。連長一眼看見我從門外進來，不容分說，破口就罵，指稱：「你是本連非常優秀的士兵，一切成績，名列前茅，想不到竟敢和他們密謀叛逃？」正厲聲斥責時，從大廳左邊甬道走出一位年約四十歲上下的軍官，不高，瘦弱，先用銳利的目光，對著我們三個所謂「叛逃」的罪犯身上，進行掃瞄後，若有所思的說：「就是你們三位，來！馬上把他們押解到師部禁閉室。」連長應聲禮畢，兩位事先準備好的憲兵，立即帶我們登上吉普車，到鳳山車站，改搭火車向台南師部出發。

大約是當日下午四時左右，在台南火車站下車後，經過一帶紅色圍牆，不久，進入大門，應門直進，約二十公尺遠，有一個憲兵連連部，連部右邊是一幢建築別緻而室內陰暗深邃的小樓，外靠圍牆，後面是座連棟的紅樓，一條寬廣的步道，由此順著枝葉扶疏的花木和高大的鳳凰樹，延伸進去。既是叛逃的罪犯，自然不容有留連光景的餘暇，遂打開我們的手銬，送我們進入這幢陰暗而深邃的小樓——「禁閉室」。

進得小樓，登上兩層石階後，緊閉的黑色大門裡面，中間是一條步道，步道兩邊，隔出許多小間，每間後面的牆壁上方，都留有一個五十公分見方的小窗戶，透過窗口射進的日光，向各房間加以透視，室內無床、無桌、無椅，每個房間，都有三五個不等的所謂「罪犯」數名。有躺的、有坐的、有臥的、有交頭接耳的，也有厲聲謾罵的，更有自怨自艾喃喃自語的，現在突然添了三個新人，大家一陣驚愕，咸來打探消息。其中一位名黃君者，西裝革履，打領帶，留東洋頭，裝束入時，山東諸城人，據他說：「他是到新兵訓練中心找朋友，剛從大陸來台灣的流亡學生，沒有身分證明，被訓練中心以逃兵罪嫌逮捕，送到『禁閉室』，已經被關在這裡一個多星期了。」他度日如年的焦急心情，完全刻劃在臉上。

晚上，我住的那個房間內，有一位被禁閉很久，骨瘦如柴的年輕人，一看就知道是營養不良。不言不語，不和人打招呼。有人說他是「思想犯」。今晚送飯的特別為他加菜，他也吃得高興；次日早上大概八點不到，衛兵傳喚他到憲兵連問話，不久，一排列隊整齊的士兵，由值星官帶著，高唱反共軍歌，肩扛圓鍬，從「禁閉室」門前經過，我定睛一看，在隊伍行進的最前面，被憲兵架著走的，不就是昨晚和我同處一室的那位被視爲「思想犯」的傢伙嗎？看樣子，此番凶多吉少，果然，我猜的沒錯，在以後的日子裡，始終沒有再看到過那位沈默含悲，面帶落寞的身影了。就在大家焦慮惶恐，和面對死亡威脅之際，第三天晨起八點左右，又有隔壁房間的另一位難友，湖南人，莫名的關到這裡長達兩個多月，衛兵傳喚他去憲兵連，也一去不回。這時，大家的情緒，就像漚熱不雨前的低氣壓，焦躁不安到極點。飯吃不下，覺睡不著，悠悠海天，想不到台灣竟成了自己埋骨葬身的處所。每個人都在心裡揣測，不知明天被衛兵傳喚的又是何人？

隔了幾天，台南九月午後的天氣，有點像「秋老虎」。我和黃君正坐在「禁閉室」門前台階上，講些不著邊際的往事，張、陳二君也接踵而至的坐在一起。就在此時，一位全副武裝的憲兵，詢問我和張、陳二君，並立即以嚴肅的口氣，命令我們三個人馬上到憲兵連報到。乍聽之下，真如晴天霹靂，既不知所措，又有點兩腿發軟，但事已至此，怕也沒用。和黃君含淚道別後，我們無奈而絕望的隨著憲兵到連部。這時憲兵連連長站在門外一個長條桌子的前面，我們行禮畢，連長以溫和的態度靠進我們身邊，用沈穩而嚴肅的語氣說：「新兵訓練已經期滿，因爲大陸局勢迅速逆轉，軍隊近日即將開赴大陸前線，你們都是知識青年，既不願隨軍作戰，又決心留在台灣發展，現在本連網開一面，放你們各自離去，千萬不可被其他部隊抓到，今後一切後果，都由你們自己負責，去吧！」我們真的沒有想到，在那生死一線，而幸運的能死裡逃生的滋味：是多麼的複雜，多麼的始料未及，多麼的令人雀躍，而又千言萬語，不知從何說起的感受。同時，更不知道該如何表達內心發自至誠的謝意！蒼天有眼，祖先保祐，讓我越過陰曹地府的門檻，向死亡之神道別，爲自己的人生，重新點燃了明日的希望之燈！

同是天涯淪落人

聽到憲兵連連長的特赦令後，令人欣喜若狂，如驚弓之鳥；我們三個人在兩手空空，一無所有的情況下，毫不猶豫地倉皇離開。出得營門，向左轉，再順着圍牆北行，約一百公尺左右，記得是一條乾涸的水溝，翻過水溝，走上對岸的小路。根據陳君得自他姐夫的指點，這裡離他姐夫的住家已經不遠。下午五點的台南九月，落日餘暉，灑在我們亡命天涯的旅人身上，清風徐徐，迎面吹來，我們都無暇享受，只想藉著陳君的指引，迅速找到一個安全的避風港。於是繞過一段相當漫長的圍牆，然後從圍牆盡頭的大門左下角，再探身而下，走入一處大片濕地，通過小徑，到對面的土丘上，在樹木蓊鬱處，坐落着幾棟日式房舍。陳君依照記憶中的通訊地址呼叫，門啓處，有一位中等微胖身材的青年，衣著整齊，滿臉斯文，想必這就是他平時常說的那位在學校教英文的姐夫了。他姐姐也出來熱誠招呼，但模樣如何，因爲天色已晚，加上室內燈光昏黃，沒看清楚。

我們三個人，進得屋來，尙未坐定，他姐夫就拿出三套男用便服，叫我們分別換上，並且說：「陳君因與我屬姻親關係，暫時留滯家中，等待工作機會，爲了避免意外，你們兩位必須快速離開此地，各謀生路，並將少許台幣，塞到我和張君的手裡，以便購買車票，北上尋親。我和張君，看事已至此，強留不得，只好和陳君握手告別。這時室內的壁鐘七時剛過，在陳君姐夫的帶領下，我們順利在台南火車站購票搭車，乘夜北上，準備去新竹炮兵要塞找張君的表哥黃先生，看可否謀得一個棲身之所。

由於國軍在大陸戰局中的澈底崩潰，台灣局勢益形緊張，爲了防範所謂「匪諜乘機活動」，各次火車的列車上，以及車站出入口，或其他公共場所，都固定有軍警憲兵聯合巡邏，看到衣裳不整，或行踪可疑的人士，經常是一再盤查，稍有嫌疑，立即逮捕入獄，或送往部隊當兵，我和張君爲了掩人耳目，一路運用各種方式，逃過巡邏軍警的盤查，有驚無險，總算幸運的和張君表哥黃君見了面。

黃君，河南信陽人，三十多歲的年紀，滿口豫南鄉音，隨軍來台後，就一直駐守新竹要塞，擔任上尉通信官，爲人熱誠。對當地情形相當熟悉，談話間，不減慷慨悲歌的豪氣。

午飯時，他說：「目前工作不好找，張君可暫居我處，爲了維持生計，在要塞補一士兵缺，將來再俟機脫身。王君可於飯後，馬上隨我去找一位老長官，他在空軍機場砲兵營當連長，剛由大陸江陰要塞撤退來台，正等待整編，我給他交待清楚，讓你在他那裡休息一段時日，待機另謀他圖，相信沒有問題。」於是一切照計劃順利進行。

連長，山東人，四方牌子臉，落腮鬍子，皮膚黑裡透紅，性情率直，豪邁粗獷，濃眉大眼，看起來有點粗線條。連部裡住的有連長夫人、岳父等一大家人家，還有一位據說是青島《民言日報社》的記者劉君，二十多歲，長臉，有晏平仲的遺風。專攻指畫，尤其諷刺小品，最是拿手，和連長也有親屬關係，因避亂來台，暫在軍中吃糧待業。

我是黃通信官介紹的，補個兵缺，在連部和劉君及連長岳父相處甚得，就這樣，食住無憂的將近兩個月。雖然連長不言語，但依人作嫁，終非善策，更何況近期部隊有不尋常的調動，我和連長的岳丈以及劉君，爲了減輕連長精神上的負擔，決定另謀出路。

時光眨眼間，就到了民國三十七年的十一月底，劉君告訴我，有青島新聞界至友程某，原任職台北《國語日報》編輯部，近接來信，說已接任台北木柵初級農業職業學校（此即現在木柵國民中學的前身）教務主任。看情形，他人緣廣，門路多，我們何不離開此處，連袂北上找他，說不定還有機可乘。算計已定，我就跟劉君搭車經台北轉木柵，到程主任住處，說明來意。程主任因與劉君有同鄉之雅，又屬前青島《民言日報》的老同事，交情自屬非淺，即令滿腹苦水，也難以拒於門外，可是對我這個外人，那就不假辭色了：常擺出一付臭臉，冷嘲熱諷。當時如不是求告無門，真嚥不下這口氣。有時，為了不願看程主任的臉色，早飯後，我和劉君一起順著道南橋，經現在政治大學門口，向指南宮仙公廟走去，一階階地向上爬，爬到山門後，再循原階而下，回到住處，剛好午飯時刻。即令程主任臉色再不好看，話再不好聽，也只有視而不見，聽而不聞了。有時，我也單槍匹馬的去台北。當時交通不便，公路局的車子少，更何況我身上除了買餅充飢的幾個零錢外，別無餘文。尤其十二月初的台北氣候，早晚已經很冷，入夜尤寒，可是我只有身上穿的那套一千零一件，連換洗的衣服都沒有。

興起了我絕處逢生的勇氣

有一次，早飯後，我又冒著刺骨的寒風，從木柵步行，經景美到台北，毫無目的的踽踽獨行。心裡想，天無絕人之路，希望今天能有奇蹟出現。就在中午過後，我穿街過巷，走到萬華康定路盡頭轉彎處，即現在《中國時報》大樓旁邊的夾道內，發現住家牆壁上張貼著一張署名「縣長梅某某」的台北縣政府布告。由「梅某某」其人，讓我聯想到在汝南縣信義中學讀書時的往事：當時汝南是河南省第八區屬縣之一，而汝南是大縣，爲第八區專員公署所在地，其轄下有所謂「三陽二蔡一對平，確山對著羅山城」八個不同的縣份。「梅」先生便是我們八區專員公署的督察專員，主管這八個縣份的長官。當他走馬上任時，我正在城裡讀小學五年級，還被選派到城外列隊歡迎過他，印象極爲深刻，現在當我走投無路時，再次看到此一擔任過故鄉長官的大名，也可算是祖宗恩德，上天護祐，興起了我絕處逢生的勇氣。那麼，當時我想，就算他是一縷輕煙，我也要藉著它的餘力，傳遞我這天涯斷腸人的心聲。

還記得是當天下午二時，我步行走過橫跨淡水河上的光復吊橋，橋名「光復」，引起我很多痛苦的回憶：如非日寇發動侵華戰爭，我又怎會流亡在外，怎會遠來台灣！嘴裡咒詛著日本，心裡卻痛罵國民黨政府不爭氣，搞得人求生不得，求死不能，在這裡受活罪。過橋前行，經埔墘，江子翠和中本紡織公司門口，再向前行，約一千碼，有道鐵路柵欄，問明路人「台北縣政府」的位置後，過柵欄左轉，沿公園旁兩邊樹木俯蓋的溝渠，渠右即出現一幢建築巍峨的辦公大樓，正門旁書有「台北縣政府」木牌一方。此時天色已是下午四點，門前有二、三位年輕職工（也許是來接洽公務的縣民）站在門前交談。我遠遠立在縣政府門前的石子路上，遙望著縣政府門裡的通道，想不到這時陰雲四合，下起濛濛細雨，我衣服單薄，加上一天飢未能食，渴未能飲，又早上從木柵步行來到板橋，可謂飢寒交迫，精疲力盡。想著如再苦撐下去，一定倒臥路中，後果難以逆料。於是我輕移顫抖的腳步，慢慢挨近「縣政府」門口。這時，有一位剛才的年輕人走上前來，見我面容憔悴，問我何以來此？我一聽對方講話的口音，就猜到十之八九，必是同鄉或外省人，所謂：「美不美，井中水；親不親，故鄉鄰。」此時精神為之一振，馬上把遠道而來的目的，以及現在的窘境，向對方盡情的說明，並懇請體念同鄉之誼，略施援手。對方說：「你們汝南同鄉在台北縣政府服務的很多，大家都流亡在外，絕不會袖手旁觀的。」話剛落地，這位圓臉，皮膚稍黑，穿長袖汗衫，留小平頭，英氣勃發的年輕人嚷著：「五點鐘了，下班時，他們一定從這裡走，到時我給你介紹認識」。說著說著，不少職員們由內擁出，他叫：「老苗」不要走，「老唐」停下來。原來苗在縣政府鑑印室任職，唐在地政科當辦事員，皆河南汝南人。苗先生，三十歲不到，東洋頭，憨厚的臉上，有一雙閃亮的眼睛，圓下顎，西裝畢挺，完全是一幅紳士派頭。唐先生上尖下寬的臉型，也許因為痼疾，脖子有點右歪，白淨，耳目口鼻略小，但和他那臉型搭配，仍不失為忠厚之相；畢挺的西裝褲，繫在整潔的白襯衫上，自然有一份脫俗之感。苗、唐二位果然停下腳步，後來我才知道他們所以如此聽話，因為那位發話的青年，是梅縣長的姪兒。「不看僧面看佛面」，所以只好停下來，問個仔細，我向他們痛陳眼前的境遇和今後的期盼，以及自己的學歷和來台經過，希望他們能秉持飢溺在抱的同情心，一伸援手。說到傷心處，不禁悲從中來，聲淚俱下，泣不成聲。「同是天涯淪落人，相逢何必曾相識。」那位熱忱助人的年輕人，因爲同情我的遭遇，也在用手帕拭淚，同時苗、唐二君也走上前來，告訴我可以直接寫封信給縣長，由祕書室交辦，這樣才是根本解決之道。

陰雨不斷的天氣，夜色降臨的特別快，這時，苗、唐二君皆已遠去，縣政府門前又逐漸恢復平靜，只剩下那位熱誠的梅君，他說：「今天你先回去，爲了解決吃住問題，明天下午五點仍到此地見面，我先介紹你到陸軍總部工作一陣子，等收到台北縣政府通知後，再脫離軍職，來板橋上班。」我千恩萬謝的向梅君告別，拖著一身疲累的步伐，在板橋廟門口的小攤上，用口袋中不多的零錢，買兩個叫不出名堂的餅，並討點水喝後，邊吃邊走，循著原路回木柵住處。時已深夜，四處唧唧蟲聲，挑動著我特別思念娘親的哀愁！

這是我人生旅途上重要的轉折點

晨起，已是午前十點，程主任一早就到校上班去了。劉君問我昨天外出後的情形，我就把到板橋台北縣政府，巧遇同鄉及縣長姪兒梅君，並約今晚五點，共赴陸軍總部謀職，以待縣府就業機會的事，詳加說明。劉君得知我即將和他各奔前程後，特別感到不捨，請我在木柵老街，也就是現在通往道南橋去的路邊攤上，請我吃了一碗米粉湯。將近兩個月的同甘共苦，一旦執手言別，在後會難期的情況下，思之不免悽哽！

我照昨日約定的時間，到板橋台北縣政府門前，因為下班時間已過，門前特別顯得冷清，只有三數工友，在周邊忙著打掃。梅君見我到來，熱誠地招呼我，立即去板橋公路局車站買票，搭上六點左右的車子，一路顛簸，到台北時已華燈初上。台北夜景，自是和白天不同。下車後，他帶我從車站向前直走，到了上海路和仁愛路的交叉處，有個外省人開的餃子館，請我略進晚餐，同時也可以消耗點兒時間，店裡的壁鐘剛敲過八點，他叫我跟他一起走向離此不遠，有士兵守衛的大門前，想必高牆裡邊的紅樓，就是「陸軍總司令部」了吧！

梅君上前向衛兵行禮後，嘰咕了幾句，接著衛兵拿起電話進行聯繫；不一刻，一位軍官從營房內走出，見了梅君，馬上趨前親熱地握手，雙方交待些什麼，因為我遠立門外，聽不清楚。最後，只見二人一同走出，向我招手，梅君叫我隨上尉進去，囑咐「一切聽命行事就可以了」。上尉帶我去晉見一位工兵連姓黃的連長，江西人，矮胖，年約四十歲，少校階，慈眉善目，美姿容，衣著整齊，和上尉寒喧後，即帶我到連部，換好軍服，向特務長交代說，王某爲本連文書下士，除非特別需要，他不必和士兵們一起操課；同時介紹文書上士給我認識，以便今後彼此關照。因爲大家都知道我是和上級有關係的過客，所以全連官兵都對我另眼看待。第二天，我就利用士兵操課餘暇，在連部寫了一封給梅縣長的信，信中大致是先將自己的姓名、籍貫、生平、學歷、讀書經過、來台情形、目前狀況等以三大張十行紙，毛筆工楷，不僅寫下了我字字血淚，筆筆痛心的真情實況，也順勢稱讚了梅縣長過去擔任河南省第八區行政督察專員時的治績；信末，還特別希望縣長能體念我遠託海島，舉目無親，欲求活命，只欠一枝，務請恩施格外，以解倒懸的哀求。

來此不到一周，工兵連即奉令調駐新竹湖口營區（就是現在的裝甲兵基地），此處深入山區，周圍岡巒起伏，林深木茂，相當隱密。因爲久不駐軍，營房失修，斷壁頹垣，不堪入目。既然是工兵連，這些維修裝潢之事，當然不在話下，全連士兵在長官的指揮下，不到一兩天工夫，該補的補，該修的修，整排營房和炊事房被搞得煥然一新。

駐紮此地，可謂孤軍外懸，凡事連長就可以當家作主，每天有做不完的工，拔不完的草，清不完的垃圾，以往軍中的操課、訓練，幾乎全部停擺。我也適得其所，有時循著營房右邊的小路，沿山拾階而上，凌空遠眺，整個基地的地形地貌，盡在腳下。有時，手持刷牙用的洋瓷缸，到大伙房，找伙頭軍領班老張，給我弄點豬油，切幾片葱花，放到瓷缸裡，然後加滿開水，雙手捧著，躲在牆角無人處來喝：一則可補充缺乏脂肪的毛病，另一方面因為山間寒氣逼人，潮濕嚴重，藉此亦略少可以祛寒除濕。雖然自連長以下，官兵對我很客氣，但我亦知所進退，凡事皆作適當節制，免得別人說連長的不是。

十二月中旬，蒙工兵連黃連長的收容，迄今已一個多月了，其間，在連上我過著官民參半的生活，解決了我當時寒不得衣，飢不得食和住不得所的問題，也可以說自我五月中旬到台灣，八月底被捕入獄，九月初經憲兵連連長法外開釋，一路逃亡，再被新竹要塞黃通信官轉介到空軍炮兵部隊連，直到十一月底，隨前青島《民言日報社》記者劉君，來台北謀職，接著，又在板橋台北縣政府巧遇縣長姪兒梅君，在這將近八個月的漫長時光裡，不但嚐盡了世間酸甜苦辣的滋味，深深體會到「人在屋簷下，不得不低頭」的處世哲學，也使我學會了忍耐、堅毅、刻苦、自勵。所謂「吃得苦中苦，方為人上人」，和我對初中入學時的作文題「歷盡艱難好做人」的意義，更有進一步的深深體悟。這些名言佳句，平常多認為俗不可耐，現在卻溶入了我的生活，甚而成了我「逢凶化吉」、「遇難成祥」的精神支柱，和安身立命的南針。

大概是元月二十日上午，我從傳令兵手上，接到台北縣政府祕書室給我的通知書，大意是說：「本府地政科有雇員一缺，希望文到一週內，來府報到，希勿自誤」等語，我立即向連長報告，並懇請恩施格外，讓我擺脫軍中生活，赴板橋台北縣政府治任新職。連長由於早先的承諾，對我倒毫不強留，只是語帶委婉地說：「現在你是本連的下士文書，下月軍隊整編後，目前的文書上士可能下排裡擔任排長，或改調營部任職，到時我報請你接替他的職務，擔任文書上士，所以在軍中晉升的管道很多，不一定要到縣政府當雇員。」連長的好意我知道，最重要的是我壓根兒討厭當兵，討厭軍中那種刻板的生活；更何況公務員比較自由，我可以經過三年五載的努力，獲得大學畢業學位，然後謀得一個理想的工作，榮歸故里，才能不虛此行，向爸爸媽媽有個交待。所以我寧願做一隻翱翔海天的沙鷗，也不要過層層節制的軍中生活。主意既定，便在元月廿二日早餐後，向連長及連部的同仁們道別。連長除了把近月的軍餉發給我做路費外，又把早餐剩下的幾個饅頭，吩咐傳令兵塞到我的袋子裡，以備路上食用。除了身上穿的一套軍服，和背包裡有件軍用對襟棉襖外，其他別無長物。

我步行走出營房大門，沿著湖口老街的古道，一條斜路直通湖口火車站，此時，天又下起小雨來，寒風加上淒雨，這正是大陸上大雪飛舞，遍地銀裝的臘月。自離開鄭州後，就再沒有給爸爸媽媽寫過信，尤其娘親，面對著這殘臘將盡，陽春將臨的農曆年關，在國共內戰的炮火下，她一定是每天依門守閭，遙望著遠方而迄今死生未卜的愛兒。

此次台北縣政府之行，可以說是我全部人生旅途中的重要轉折點，到底是福是禍，是喜是悲，一切都要自己去承受了。茫茫人海，瞬息萬變，不知明日又將如何？思今憶往，追懷來日種種，欲訴無門的苦況，我的眼淚又情不自禁的奪眶而出了！

睡的木屋起了變化

台北縣政府地政科科長蘇某，長相體面，身材魁梧，圓臉，噪門大，講起話來，聲震四隅，當時政府正推行「三七五減租」的土地政策，地政科可說是整個縣衙裡最熱火的單位，全縣各鄉鎮和各地政事務所，以及四鄉八黨的佃農、地主，來科洽公的，絡繹不絕。汝南同鄉唐君在地政科任職。見我來此，就帶我向蘇科長報到，科長馬上吩咐下手給我在第一科靠走廊窗邊安排個座位，於是堆積如山的「土地所有權狀」，就成了我今後繕寫的目標了。

頭兩天的早餐，我隨唐君在距縣府不遠，由汝南同鄉組織的伙食團進食。唐君憐我除了一身軍服外，別無長物，就把他日用的一條墊被（即整個棉被的一半）送給我。入夜，這也是梅君的安排，叫我住在縣政府民政局旁邊的一棟日式木屋，約十蓆榻榻米大的房間內：其實，房間內已先住了兩個人，一位是民政局傅局長的姪兒，剛從大陸來，三十上下，河北人，圓圓的臉上，架著一幅眼鏡，身材高挑，衣著考究，民政局科員，睡在屋內靠走廊的那兩張榻榻米上，中間睡的是一位燒茶提水的工友，福建人，二十七、八歲，短小精幹。他們既已捷足先登，我只好把靠外牆邊的那張榻榻米。當成夜間的寢宮了。因爲房子久未修繕，風雨略大，就到處透風漏雨，我睡的位置剛好首當其衝。這正是陰雨綿綿的二月，台灣入夜極寒，除了唐君送給我的墊被，鋪在身子下面可以擋寒外，上面沒有蓋的衣物，即令和衣而眠，因爲寒氣迫人，一條墊被鋪到下邊，上面冷，蓋到上面，下邊冷，無論如何，都冷得很難入夢，最後睏極而睡，一覺醒來，手腳酸痲，幾乎不能舉步。

縣政府月初發薪，我因爲初來乍到，薪水還沒有核下，又不好向人商借，每天只將袋中那點有限的軍餉，拿來省吃儉用，吃大餅，喝開水而已。一次，真的飢渴難忍，到板橋廟門口一個賣早餐的攤販旁邊，看他爐子上放著一壺還在冒白氣，呼呼作響的開水，壺旁放支透明玻璃罐內裝的圓形小餅，罐旁放著幾大疊鬆軟雪白的米糕，嘴裡的口水，嚥了又吐，吐了又嚥，雖然望眼欲穿，但囊中沒錢，最後，也只好恨恨而去。

民國三十八年三月中旬，我住的木屋起了變化，聽說木屋左邊三間房子的主人董祕書，因爲夫人在台北縣汐止國民小學任教，最近學校配給了一棟眷舍，董祕書準備全家搬去汐止，這裡還給縣政府。木屋也不能繼續住了，據側面消息，有一位被縣長特別器重的韓姓祕書，即將從大陸撤退來台，一家三口，就暫住這間木屋內。一個人的房子要搬，一個人的房子要整修，原住在木屋內的傅姓科員，早有安排，燒水的工友，回到清潔室住，只有我，地政科不管，縣府不留，想待下去，只有自己設法了。倖好鄰近木屋旁邊有間破廚房，平常僅供董祕書家燒飯用，裡面放了兩個儲藏木炭的大木箱，另外靠後牆還有一桌一櫃，進門有個做飯的鍋爐，右邊靠馬路有個大窗戶。因爲長年乏人照料，門窗皆破舊不堪。我此時已別無選擇，便將此破敗不堪的廚房清掃乾淨，把兩隻大木箱翻轉過來，移到靠窗戶的牆邊，將收發室陳君前幾天送我的一張草蓆，鋪在木箱上，再把唐君送我的墊被鋪在草蓆上，頭下墊兩塊磚頭，然後再把軍中帶來的棉襖放在磚頭上，三月的氣候，也逐漸暖了起來，只要不是強風豪雨，晚上倦極思睡，躺到木箱上，還可以遙看天邊高掛的星月；此情此景，或不亞於聖人「飯蔬食，飲水，曲肱而枕」的樂趣吧！

悖逆常理的想法

民國三十八年五月初，算來是我來台北縣政府地政科任職的兩個月之後，被人事室主任劉某把我調到人事室第二股，負責抄寫工作。因爲於人、於事、於週邊的環境完全陌生，工作量又大，我每天只知上班就來，下班還不一定走得了，所以整天沈靜少言，冷眼默察各方人士，和劉主任以及各股股長間的互動關係，談話技巧，謀職方式，這裡面埋藏了很多人生哲理，實際經驗，完全是過去在學校讀書的課本上，和來台後的閱歷上，沒有學過的大學問，這對我以後的爲人處世，有千金難買的價值。

七月，正是縣屬各級學校校長、教職員靜極思動，變換環境的機會，加上政府由大陸轉進台灣，各省菁英陸續從四面八方湧來縣府，搞關係，走門路，尋求進身錄用的管道。人事室光是應付這些紛至沓來的瑣事，就應接不暇，焦頭爛額了。這時，我也乘公餘之暇，向主任懇求，外調國民小學擔任教職；起初，他不肯，後來拗不過我的一再糾纏，他才鬆口，叫我自己去教育科跟吳科長商量。吳科長見劉主任已經認可，而我又執意如此；同時，也得知我有從事小學教育的熱誠。讀的又是師範學校，本於學以致用的原則，就答應了我的請求，叫我回人事室請第三股股長張先生幫忙。張股長主管任免大權，汐止人，平常我對他執禮甚恭，現在既有所求，張股長頗有意派我到一個交通方便，有水、有電、有宿舍、有伙食團吃飯的小學去任教，但我卻堅決希望他能把我派到台北縣屬內最偏僻，最不方便的小學去。這種悖逆常理的想法，令他大惑不解。

四壁皆空，一無所有

民國三十八年八月，我奉派擔任台北縣瑞芳鎮鼻頭國民小學教員後，在九月一日開學前必須到校報到。當我於動身赴任前，曾多方打聽「鼻頭國小」的地理位置、行走路線、坐什麼車、經過哪些村莊。結果大家都異口同聲的說，地處海邊，交通非常不便，很少有人敢去，從板橋坐火車到瑞芳後，有公路局的車子可以搭乘，其他，便一無所知了。

後來，我才知道台灣以「鼻頭」命名的有兩處，一是在南投縣集集鎮附近的「鼻子頭」，另一即是台北縣最東北方的「鼻頭角」。鼻頭角屬瑞芳鎮轄區，此地的國民小學，日治時代已經設立，也是當地的唯一學府。

由外地到鼻頭角去，據知道的人說，大概有三條路可通：一條，是乘宜蘭線的火車，從台北經八堵，到瑞芳下車後，轉搭公路局汽車，再經九份到金瓜石後，步行沿水湳洞海邊走去。第二條路，是乘縱貫線火車北上，到基隆後，改搭基隆市公車，到和平島的八尺門下車，換乘當時金銅礦務局專屬的鐵路，每天有小火車四、五班，到水湳洞下車後，再沿海邊步行。第三條路，是搭宜蘭縣火車，過瑞芳、猴洞（後改名叫侯硐）、牡丹坑、雙溪，到貢寮下車，然後經小路至澳底，再沿海邊，過龍洞，到鼻頭角。

我當時只知道從瑞芳下車，經九份，金瓜石的一條。同時，想著瑞芳有三點半開的公路局車子好搭，所以就選在八月卅一日的下午，在板橋搭乘一點鐘左右的火車北上。經台北到八堵，換宜蘭線，到瑞芳下車。走出車站後，前行約一百五十公尺，就是公路局車站了。這時，壁鐘已指向三點，公車站內空無一人，只有靠票房兩側的粉牆邊，躺著幾張長條坐椅，我放下扛在肩上的行李，走近賣票窗口，窗口上方貼著的公告說：

「近因連天陰雨，公路坍方，爲了旅客安全，由瑞芳到金瓜石之間的行車，暫時停開。」

這時，我暗自思忖，沒有車，步行，這裡人地兩生，又不會講台語，問路都成問題。但八月底，正是學校將要開學的前夕，教學的事，既不能耽擱，而鼻頭國小的實際情況，也需要事先多加了解。最後，我終於決定不能因天候的關係，影響我今天赴鼻頭國民小學報到的決心。至於鼻頭距離瑞芳的遠近、方位和怎麼走法，在「天無絕人之路」的信念下，一切問題都可以克服，於是鼓起了我勇往直前的勇氣！

離開公路局車站右轉，沿著一條商店老街前行，再穿過一個不算長的山洞後，逐漸走進芒草夾道的山區。這時候，天空下著濛濛的細雨，腳有些泥濘。我沿著公車路面，各有一公尺多寬的兩條水泥路行進。走到九份派出所門前時，由原來游絲般的細雨，變得沙沙作響，張眼遠望，白霧茫茫，迎面而立的基隆山，和左前下方的深澳港，完全被雲霧籠罩，雨撒在頭上、身上，不消一會兒，渾身濕透，雨水加著汗珠，從頭頂、髮梢、耳根，順著脊樑向下流動，一直滑落到腳跟。此時，我步上九份去金瓜石途中的最高處，路從山口向右，像一根多綵的絲帶，或明或暗，蜿蜒而下，金瓜石已依稀在望了。雲層貼著遠處蔚藍的海面，看樣子，這時不會少於下午四點半鐘。

金瓜石是座山城，更是金銅礦務局所在地。人到這裡，映入眼簾的，是沿山的日式眷舍，上下來往的吊車，沿途的工廠，和戴著頭燈鴨舌帽，身著藍色工作服的工人。我向公路局車站值班小姐問明去鼻頭的路向後，便朝車站對面一個圓形拱門下的石砌甬道走去。越過一座空蕩蕩的菜市場，再貼著一道由紅磚砌就，修建整齊的圍牆，走到盡頭，原是一座巍峨高聳的校門。校門上寫著「台北縣立瑞芳鎮瓜山國民小學」，門外左邊靠牆有幾棟日式木造房舍，此時校門深鎖，周圍冷清清的，兩山夾帶著的海風，迎面襲來，頓覺有股逼人的寒氣，雨初停，天暗了下來，我在校門口逗留了片刻，腦子裡迴盪著「但願鼻頭國民小學，也有這樣巍峩的校舍，靜謐而幽雅的環境」！

順著「瓜山國民小學」門前的陡坡，走向所謂「陰陽海」的水湳洞，這裡正是金銅礦務局鍊金淘沙的工廠，直衝雲霄的煙囪，正冒著袅袅白煙。我越過無數長短的水泥橋，轉彎抹角的走近一道紅磚砌成的矮牆，沿著矮牆右轉，抬頭望去，前面是綿亙的高山，左邊是無際的海洋，彷彿走到了海天盡頭。雨是完全停了，但無路可走的恐惶心情，卻從四面八方包圍過來。暗想，難道這就是流離失所，飄零無依的感受嗎？

事也湊巧，有位穿中山裝的年輕人，迎面走來，我急忙向他打探去鼻頭的路向後，便順著矮牆，走到盡頭右轉，約十多公尺遠近，再通過水溝上用兩根樹幹搭建的危橋，踏上雨後滑溜的石階後，發現在高低不平的山路兩旁，有爿小雜貨店舖，門前正坐著兩個對話的老人。我拾階而上，直達山頂；然後再循草徑而下，走進海邊，海濤拍岸，加著強勁的海風，從我身邊掠過時，除了一股子鹹味外，還帶有幾分淒厲。我知道這離鼻頭角越來越近了。

這裡沒有路，只有海灘上的碎石，和被海水侵蝕了數十萬年奇形怪狀的岩岸。下山後，走了十多分鐘，發現靠右手有幾間破舊的老屋，後來我才知道，當地人管他叫「撈洞」。沿著海邊前進，一路上完全看不到任何行人，在經過一座斷崖千尺的高山後，山勢突然低平，有幾十戶人家，錯落在群山環抱，叢木茂林之間，清溪潺湲，流經於行人腳下，後來有人告訴我，這個漁村叫做「南雅里」。看著村上人家都亮起了燈火，晚飯的炊煙正緩緩升起，時間確實不早了！陰雲加上灰暗的夜色，從四面八方席捲而來，遙遠的鼻頭角，已被濃重的雲霧吞食得什麼都看不見了。

離開「南雅里」後，路改在半山腰裡迴旋，忽高忽低，忽有忽無，那根本不是路，只是被人走亮了的無數石塊，在草叢裡閃閃發光。我就隨著這些眼下發光的石頭，跑著、跳著、走著；越深澗、過淺溪、上陡坡、渡窄橋，最後看到一座守軍的碉堡，這時，我才知道「鼻頭」真的就在眼前了。

「鼻頭」是一座自然天成的漁港，呈口袋形，問明守軍「鼻頭國民小學」的位置後，我肩負行囊，懷著滿腔教學熱誠，沿著港嘴的石頭路，經過港底居住的人家、派出所和憲兵檢查哨，從山邊僅可容人的小路，再向上攀登，三大間教室，就是我今後服務的目的地了。這裡沒有圍牆、沒有校門、沒有宿舍、沒有吃飯的餐廳、沒有照明的設備，更沒有自來水，只有幾張破舊的學生課桌椅，一小塊殘破而斑駁的黑板。教室前後有三個門洞，沒有門，向外的牆壁有幾個窗洞，也沒有窗，除了屋頂的瓦片尚可稍微擋點腥風海雨外，其他可以說四壁皆空，一無所有。校長在教室的一角，用破舊木板和報紙粘合的一塊一坪半大小的容身之地，算是此校對校長的禮遇而居住的上等宿舍了。校長知道我夤夜來校報到的消息後，親手端著油燈，快步走出房門，向我寒暄。看這種情形，雖然我飢寒交迫，但今天的晚飯，已無法如願以償了；至於睡覺的地方，又哪兒有供我容身之處呢？

三餐都以地瓜粥為主食

海風呼嘯，驚濤裂岸，九月初的第一道曙光，從鼻頭角燈塔後面升起，滑過山的稜線，穿透破舊的屋簷，刺目的陽光，射到課桌上沈睡的我。時間大約上午十點光景，聽見校長和一位校工──年當六十開外的太太，講晨飯過後，準備開學之事。我立即起身，將桌椅歸位，再把簡單的行李收拾好，放在教室靠牆的一角，走出臨近校長住處的教室大門外，只見山泉自高而下，清澈的瀑布，匯成一道潺湲的溪流，婉蜒蠕動，像沙漠中響起的駝鈴，在尨茸的雜草叢間奔騰著。我順勢拿個放在池邊的銅盆，舀盆水，掏出預先準備的盥洗用具，洗臉刷牙完畢，我和校長、校工和一位患腎臟病，面色焦黃的謝老師，打個照面，寒暄幾句後，並借用校長貯存已久的地瓜和校工臨時買來的米，煮了一小鍋粥，飢不擇食地吃個淨光。飯後，神清氣爽，才進一步仔細端詳「鼻頭國民小學」的真相。

校長姓劉，山東荷澤人，五十歲左右，曾經擔任過縣政府教育科科長和省政府教育廳督學，從大陸來台後，剛剛謀得此一校長職位。終日不語，城府很深。看樣子，這裡必非他久居之地。至於臥病的謝老師，浙江平陽人，來此已兩年，因病魔纏身，根本不能上課，整天以淚洗面。還有一位陳老師，福建人，住在附近民家，平常很少來學校。

學校在鼻頭港對面的半山上，沒有校門，沒有圍牆，只有靠著山邊建造的三間磚瓦房。周遭一點空地都沒有，又因年久失修，破爛不堪；尤其靠海多雨，一日氣候突變，風雨不時，屋外大雨，屋內小雨，學生課桌椅幾無避難藏身之地，加上門窗全無，海風呼嘯而過，暑天炎熱，倒可安睡，秋冬氣寒，冷澈骨髓。站到教室門口，張眼望去，整個港灣，一覽無遺，一到入夜，遠近海上的漁火點點，如同水上的明珠而光芒四射，早上四、五點，漁民們紛紛收網歸航，討價還價的魚販，如同鼎沸的市場而聲聞遐邇。

全校在籍學生有五十二位，根據陳老師的經驗，真正每天到校上課的，不會超過十五個人。他們施行的教學方式，是複式教學，即一、二年級一班，三、四年級一班，五、六年級一班。開學後，因病長期臥床不起的那位請假休養，校長又邀聘了一位軍中退役的校官姓武的先生，山東泰安人，書法極好，對人和善，有親和力。以後分配工作，我教五、六年級，陳老師教三、四年級，武老師教一、二年級，全校三個複式班，三個老師，一個校長，一個年老體衰的女校工，三間破爛瓦房，七、八張少腿沒面的桌椅，一塊體無完膚的小黑板，除此以外，學校別無其他校產。

因爲鼻頭地處偏遠，倚山傍海，交通梗塞，送信的郵差兩、三天才來一次，對外聯絡十分困難，幾乎是個完全封閉的社會。賣菜賣肉的小販，尤屬難見，當地漁民想吃新鮮食物，只有靠著漁船去基隆賣魚回來時，才順便帶一點兒，全村只有一個理髮店，和一位無照醫生，最諷刺的，是這位醫生還在派出所掛牌開業，真令人不可思議。我每天吃飯是一大問題，在既無市場，又無食物可買的情況下，一日三餐都以地瓜粥爲主食，只有中餐，我把地瓜去皮後，切成細絲，然後和油加鹽，再加點蔥花合炒之，配乾飯吃，以補脂肪和碘兩缺之病。因爲校長年事略高，營養不良，加上過去在大陸過慣了養尊處優的生活，吃的東西又少這沒那的，所以常被腸胃消化不良所苦；尤其當夜深人靜之際，聲聲哀痛，輾轉床第，時斷時續，令人聞之鼻酸。

「老嫂比母」，她真的做到了

此地有位鎮民代表張先生，約三十六、七歲，高挑的身材，巴掌大的臉上，經常掛著笑容，不會講國語，但有一顆與人爲善的心；在港口靠山的路邊，開了一片雜貨店，兩層樓的居所，樓下是店面，樓上住家，平常生意倒還紅火。張君既是鎮民代表，又爲人豁達，所以遠近跟他交往的親朋好友不少。我和校長、武老師三人，經常乘下午放學後，晚餐初了，夕陽在山，漁戶們正準備整網出海捕撈的時候，相偕到張代表家小坐，目的也是希望他能對學校略施援手，向瑞芳鎮公所進言，在地方教育經費項目下給一點兒補助。有時港口的駐軍賈排長，和漁船進出口檢查哨的憲兵隊曹先生，也不約而同來此晤敍，雖然大家來自不同單位，但因爲都是天涯淪落的遊子，又身在異鄉爲異客，偶而聚會，心頭自然別有一番滋味。

荏苒韶華，在鼻頭國民小學服務，很快過了一個學期。我教五、六年級，班上只有一個名叫張XX的學生，沈靜少言，衣着整潔，平常不遲到、早退，循規蹈矩，頗與其他學生氣質不同，成績可觀，國語、常識、算術皆有可取。他就是張代表的獨生子。平時在校知我半年以來食無味、住不安，每天在酷風淒雨中，認真教學，終日遑遑，過著類似喪家之犬的生活。他看在眼裡，記到心裡，大概是回家和他爸爸張代表經常反映，父母基於愛子心切，又希望能在老師的教導下，畢業後，暑假能順利地考取中學。

有一次我又是照舊同校長和武老師到張代表家小坐，談笑間，張代表堅邀我住在他家，以爲如此在吃、住方面，兩得改善，不過，我認爲家有女眷，一個陌生大男人突然入住，短時間三兩天倒還無所謂，像我在此長期教書的人，出出入入多有不便。張代表看我甚爲堅持，且理由充足，就當著大家的面說：「我們結爲金蘭之交，你尊我爲兄，我稱你爲弟，如此弟住兄家，名正言順，有何不可？你們大家意下如何？」我們就在祖先神明面前拈香跪拜，正式行了換帖之禮後，第三天我就搬到張代表家，住在二樓。嫂嫂待我像母親一般，極盡呵護之責，「老嫂比母」，她真的做到了。我也以此處爲家。早晚衣食，均得到適當的照顧。我白天到校上課，晚上挑燈夜讀，準備參加明年，也就是民國四十年的大學入學考試和考試院在台舉行的第二屆全國性高等普通考試。

夜深人靜，躺在床上，回想兩年前，以豪氣干雲的壯志，遠離了自己的學校、同學和執手偕老的女友，從大陸渡海來台，後又經歷了種種劫難，幾乎命喪溝壑，後又依人作嫁，被人視為眼中之釘，背上之刺，窮愁潦倒，到處受人白眼，也到處絕處逢生，意外的巧遇貴人相助。基於生活就是磨練的哲理，我真的就像一隻迎風翱翔的海鷗，在那茫茫無際的人海裡，有時長風破浪，不計後果，有時寸步難行，飢餓潦倒，有時又展翅高舉，彩霞滿天。現在我身在偏遠的鼻頭角，目前雖然寄人籬下，生活無虞，但翹首西向，在那青山碧海的盡頭，國共戰後的中原，何年何月才能回到我那可愛的故鄉？何年何月才能回到我那父母的懷抱！「人情同於懷土兮，豈窮達而異心。」當我飽食煖衣之餘，更加魂牽夢縈，思念我那故土親情！甚而一刻也難忘懷，尤其當夜深人靜的時刻！

鼻頭國小的改頭換面

民國四十年（一九五一年），在我的生命歷程中，是一個重要歲月。鼻頭國小朝夕相處的老同事，已早在民國三十九年八月，在劉校長改調宜蘭縣二城國民小學的機會，也隨他而去。像教一、二年級的武老師，即在當年的九月，就和校長到同一所學校服務，離開了鼻頭。當然我也想靜極思動，脫離這座孤懸世外的海角天涯；可是，我不願意去台北縣政府，看那些老同事們的臉色；更不想聽他們冷嘲熱諷的官話。因此，只能困坐愁城，苦等良機了。

鼻頭國民小學自三十九學年度起，也改頭換面，起了根本性的變化：譬如校長換了位九份人姓廖的先生，他帶來兩位新聘的男老師，年齡輕，有幹勁。其次，是學校也由原來山前的三間破屋，改在山後日據時代留下來而已牆倒頂塌，不堪使用的兩三間破磚瓦房，作爲鼻頭國小暫時棲身之所。廖校長準備以當地人的優越條件，向鎮公所、縣政府請款補助，重新翻修這裡的教室。可是這裡坐落於鼻頭的後山通往燈塔的高地，靠山面海，毫無遮攔，每當海嘯和著狂風，由遠洋席捲而來的時候，兒童們想要在室外立足，比登天還難。這時，我還真有點懷念在山下破屋教學的那段日子！

當時我成了宜蘭縣最爆紅的小學教師

民國四十年暑假到了，我因爲任教於宜蘭縣五結鄉五結國民小學的同鄉好友柳先生的幫助，和縣政府教育科梁督學的從旁提攜，終於離開了服務兩年的鼻頭國民小學，轉往宜蘭縣蘇澳鎮南方澳南安國民小學任教。這裡仍然是依山傍海，是台灣重要漁港之一。有火車直通台北，汽車可達羅東、宜蘭和花蓮，此地人口麕集，生活機能較之鼻頭，有天壤之別。剛到南方澳南安國民小學任教時，校長姓練，宜蘭四結的望族，他指定我教四年級，教導主任姓賴，皮膚黝黑，像個非洲人。全校計有十二班，六間教室，因爲教室少，學生多，不敷使用，校方施行二部制，這與我原本打算一面教學一面讀書進修的計劃正相符合。沒有宿舍，便和另外一位單身同事利用黑板和破門板加以拚合，中間以木條連接，再用繩子繫牢，在教室的另一頭，隔成長方形的一個小房間，兩人合住。

九月初，開學了，縣政府教育科爲了提振中小學教師的教學研究與服務的風氣，特別下令全縣各中小學，舉辦徵文比賽，題目是「論學校教育、家庭教育、社會教育的連環性」，凡入選獲勝者，將於十一月十二日　國父誕辰，也就是當年的「民族文化復興節」，在宜蘭縣政府大禮堂盛大頒獎。同時，更在同一天舉行全縣中小學學生講演比賽。校長在朝會時，向全校教師宣布了這項震憾性的消息，並希望本校同仁及學生們熱烈報名，參加比賽。可是，事過數日，師生們似乎並不熱衷，一點反應也沒有。

時間一刻也不停地在身邊溜去，我卻無意放棄這個自我磨練的機會；想試一試，在以往的兩年裡，我在鼻頭國小乘教學餘暇，謝絕一切對外聯絡，晝思夜讀的進修成效到底如何？因爲暑假期間，我在台北時，因等待改調機會，曾報名參加當時還叫台灣省立師範學院國文學系的入學考試落榜，又參加考試院舉辦的全國性高等普通考試教育行政人員考試，正等候放榜消息。現在適逢南安國小實施二部制教學，上午或下午上半日課以後，批改學生作業和備課，皆簡單易行，不化費太多時間，於是我便決心暗中進行搜集論文資料，擬定寫作大綱。在我的準備過程中，唯一感到遺憾的，是本校歷史太短，缺乏圖書設備，又無可供商量的志同道合的朋友。另外，整個的社會大環境，是以捕撈爲業的漁民，人口流動性很大，毫無文化氣息，對讀書、研究、教學而言，簡直是背道而馳。儘管周邊的氣氛是那樣的粗俗、惡劣，甚而令人窒息，但我不灰心，每每藉著教學餘暇，寂寞無助的一卷在手，傲岸於山邊海涘之間，並以紙筆爲伴，針對論文題旨的要求，抒發我對當時教育制度、教材教法，以及社會、家庭與學校教育各方面互動關係的看法。至於學生的講演比賽，我也挑選了本班郭同學報名參加。

我寫了一篇五千字左右的論文，並依照比賽辦法中的交稿時間，如期的以掛號方式經郵局寄往指定機構。就在十一月初評審會正式公布，我取得了此次徵文比賽中的第一名。代表學校參加全縣講演比賽的小學組，由於郭同學口才辯捷，字正腔圓，內容正確，也榮獲了冠軍。以後我的那篇教育學術論文，又被刊登在台北女子師範學校主辦的《國教季刊》。

就在學校正常教學和我班上同學因雙雙獲獎而充滿喜氣的時候，《中央日報》頭版，發布了當年考試院全國性高等、普通考試錄取名單，我又幸運的被錄取了。這更是喜上加喜！適時，在學校擔任教導主任的賴老師因痼疾請辭，校長看我教學勤奮，進修有成，且迭創佳績，就報請宜蘭縣政府，委我繼任。

年光到了民國四十一年的五月，離六月底的暑假已不到一個月，宜蘭縣政府又選派我參加由省立台北師範學校舉辦的台灣北區（包括宜蘭縣、基隆市、台北市、台北縣、桃園縣、新竹縣、苗栗縣等七縣市）優良教師暨教導主任講習班，爲期四週，食、住、教材等，均由政府免費供應。七月初始業，八月初結束，結訓前，講習班舉行學員教育論文競賽，文題是〈我對於民族精神教育的看法〉，經專家評定，在結業典禮上正式宣布成績，我是此次所有參賽學員中的第一名。以後這篇論文被刊登在該校出版的《校友通訊》。事後，我帶著在台北講習成績優秀的光環，回到服務學校，又馬上遵奉宜蘭縣政府教育科的指令，參加在羅東中學大禮堂舉辦的全縣性「反共抗俄講習會」，會期三天，三天期滿後，舉行講習測驗，成績公布，我又幸獲全縣第一名。當時，好多宜蘭縣轄內各國校的同仁們，都彼此打聽，南安國民小學教師王更生到底是個怎樣的神聖？一時之間，我竟然成了宜蘭縣國民教育界最爆紅的人物。

向不可預期的未來，尋找自己的路

新的學年度，民國四十一年九月，又開始了。正當我擔任教導主任，爲擬定教務、訓導、總務等各組業務分工，在校長領導下，忙得不可開交之際，校長突然因「敗血症」住進省立宜蘭醫院療養；因爲病發突然，諸事均無交待，到醫院探視時，又因住加護病房，謝絕訪客。在一切不得要領的情況下，只好「摸著石頭過河」，走一步算一步，以不出大錯，教學能順利進行，便是善政了。就在事事不盡如人意之時，《中央日報》頭版又公布了本年度考試院全國性高等、普通考試錄取的名單，在「全國性高等考試教育行政人員考試」中，我又榮獲錄取。這種天外飛來的喜訊，不僅沖淡了我在南安國小教導主任代理校務中的困擾；同時，也給我帶來另一種內在的激勵：那就是「我相信自己非池中之物，只要刻苦自勵，一定會有收穫」，於是決心設法突破當前在小學任教的牢籠，離開宜蘭，走向更廣濶的世界，向不可預期的未來，尋找一條屬於自己理想的進路。

當年的十二月某日，我給在台北縣樹林中學擔任教務主任的老師劉先生寫了一封求職信。就在次年，即民國四十二年的元月中旬，收到了劉老師來信，聘我擔任樹林中學國文教師兼註冊組組長。這時，本校練校長經過長期住院治療後，病情已見大好，返校休養中。我就在一切尚可交待的情況下，收拾起在宜蘭縣南安國民小學一年半的教學生涯，並肯定這是我多年來工作變化最大；同時也是我胸襟初開，眼光始遠，志趣加上活力，給我帶來改頭換面的千載良機，和朝著理想奔馳的狂野想法！

利用同事們散步聊天的時間，自修苦讀

民國四十二年二月廿二日，到樹林中學報到，因為時正中午，劉主任邀我和各位老師共進午餐，順便把我介紹給大家認識。飯後，吩咐工友帶領我到禮堂二樓，架一張竹床，和其他幾位老師同住，每天三餐都在大伙房一塊兒用餐。草草安頓完畢，隨即到教務處辦公室，這時課程表已放在我的辦公桌上，上面印的清楚，我擔任初中一年級甲、乙兩班國文兼一甲級任導師。另外還附有初二乙班的公民兩節，每週授課十二小時，上課之外，並兼理教務處註冊組業務。

由於國共內戰，很多流亡來台的大專畢業或未畢業的青年，從四面八方，採不同方式，用不同身分渡海來台。像和我同在樹林中學任教的，大多都是二十多歲的單身青年，大家都在伙食團搭伙，尤其晚飯過了，距離入睡這段時間，至少還有四、五個小時，想打發這段漫長的休閒時光，除了聊天、溜馬路、看電影，或到台北市探親訪友外，別無其他去處。經過多日的目睹耳聞，或彼此交談所得，凡來此擔任教職者，幾乎都是國內外各大學畢業，學有專長。只有我，是考試院高等考試及格，非正規大學出身；和某些老師宿儒相比，自不可等量齊觀；就是和同輩大學畢業者相較，也有望塵莫及之感！於是激發了我謙卑自

斂，乘時沖舉的內在動機。除了把目前擔任的課程教好，學生作業認真批改外，剩餘的時間，完全準備報考大學；尤其把當時台灣省立師範學院國文系，列爲第一優先。既有如此強烈地企圖心，爲了踐履篤行，特別利用樹林中學圖書館藏書，搜集每屆大專入學考試題目及解答，並將國、英、數三科列爲重點，而國文、英文尤爲重中之重。並充分利用每天下午晚飯後，同事們出去散步、聊天，逛戲院、訪親友的時間，我埋頭書桌旁，燈光下，或朗誦古文，或默寫英文單字。自修苦讀，充實基本學力。任何外界的誘惑，對我當時心如止水的人而言，不啻空中的雲煙，不影響也不留下絲毫痕跡！

置身局外，心無罣礙

民國四十三年的暑假，忽焉而至。學校當局去年在右排教室外的左邊空地上，起造了一幢單身宿舍，我被分配在左排的第三間，房間小到只能容下一桌一椅一張床鋪，如有客人或學生來訪，便無立足之地。緊靠宿舍的左邊，專門給單身教師加蓋了一大間廚房兼餐廳，吃住既已解決，單身教師們也就別無苛求了。

某日中午，正午餐時刻，大家圍桌進食，閒話短長之際，突然有人說：「Jang 老師怎麼沒來吃飯？」Jang 老師，山西人，長白師院畢業，在樹中教初中數學。我也以好奇的目光投向桌中同事，果然 Jang 不在。旁邊有好事者接著說：「今天劉主任有親戚來家，女眷，據說在金瓜石某中學教書，Jang 受邀作陪。」另有人插嘴說：「既是女眷，不知道有沒有結婚？」更有好奇的問：「年齡多大？」「長得怎麼樣？」還有人再追問：「誰見過她？」你一言，我一語，七嘴八舌，沒個正經。大家都認爲 Jang 紅鸞星動，豔福不淺！我沒有講話，只是沈思：「從金瓜石來的女眷，沒有別人，準定是 chyi 小姐。」「我和她在校同學，對她的過去、現在，瞭若指掌。」「劉主任爲什麼不叫我去做陪？」一連串的想法，在腦中擺盪。午睡也多少受到點影響，沒有睡熟。

晚上約八點左右，想著劉主任家一定晚飯已過，或正在客廳聊天，我決定到劉主任家走一趟，自忖：「如果劉家有女眷到訪，而此女眷又確爲 chyi，憑我跟她的關係，如果不來探視，善盡同窗之誼，實非做人之道。」於是決定整裝出發。

果然不出所料，據劉主任說，他正準備去宿舍找我來家晤敍，沒想到我先來了，真是心有靈犀。chyi 同時也從後面房間走出，一眼望去，仍不減當年風韻，只是較前略嫌豐滿而已！我們寒暄數句，不外談些過去和眼前情況。劉主任夫婦把我在樹林中學任教和這幾年來努力的成就，從旁大肆渲染，我知道他（她）們的美言，是希望能博取女方對我的好感。可是對方仍一本過去的慣性作風，只是支吾應付，並沒有講出自己的看法。約摸入夜九點光景，向劉主任夫婦辭退而出。當夜，心情平靜，在感情上確有置身局外，沒有特別激動。次日，在辦公室，劉主任告訴我，她早飯後，已去松山「四四寄廬」探視她叔嬸了，什麼時候會再來，就不知道了！

和 chyi 小姐永結白首之約

事過後一週，晚飯初了，我從辦公室搬把藤椅，坐在禮堂前，花圃旁，看雜花生樹，聽好鳥爭鳴，和遠處藍球場上青壯老師和幾個學生投藍消遣的動作，一望無際的稻田，在晚風熹微中，正灑著禾穗飽滿的香味。夕陽只剩下一線耀眼的金光，暑熱已被四野的靜寂逐漸取代。就在這時，忽覺有人輕拍我的肩膀，順着手勢回頭一看，原來是過去同住在禮堂的單身教地理的李老師，他原在河南名校北昌女中執教，五十七、八歲，終年一襲藍布長衫，不苟言笑，爲人正派，頗受全校師生尊敬。上課時經常不帶課本，只要一支粉筆，然後口說指畫，如同身臨其境。平常很少與人往來。招呼我，定有要事，不敢遲緩，我隨他走到禮堂邊樓梯口處，停了下來。他說：「我有個女學生，河南開封人，學護理，台大附屬護理專科學校畢業，年齡相當，長相好，個性溫柔，如果有意，請一週內給我口信，我約她來此面談。」我當時聽到這個突如其來的喜訊，內心頗感徬徨，沒有立刻決定，就在事後的第三天，訓導處的阮主任邀我到他住所，說：「劉主任有意託我爲媒，撮合你和 chyi 的好事，不知意下如何？」我因爲和 chyi 在大陸讀書時，誼屬同窗，她還比我高一班，來台後，又多次接觸晤敍，她在瓜山國民小學任教時，我還專程從鼻頭去看過她，以後因爲忙於進修及教學工作，才逐漸疏遠，最近 chyi 來樹林劉主任家後，方知他們是娘舅至親，阮主任是她遠門的四叔，現在劉主任託他說合，我覺得無論是年齡、籍貫、感情以及彼此的關係和了解，均很合適。惟一遺憾的，是我隻身在台，無親、無故、無儲蓄、無恆產，更無人可供切磋商量。在麵包和愛情同等重要的時刻，有這樣的對象作終身伴侶，自是求之不得！只要對方不計較，我當時表示毫無意見的贊成。阮主任果然不辱使命，隔天就把到金瓜石晤談情形告訴我。我約摸事有可爲，便一方面迅速向李老師言明原委，並再三稱謝和表示歉意；另一方面又請阮主任向 chyi 小姐再次說明，我目前在樹林中學的教學、工作、生活以及每月薪俸，對前途抱負，和沒有時間作馬拉松式的愛情長跑等等，如果她沒有意見，最好就擇吉定婚或結婚，否則，就此作罷，以免藕斷絲連，曠日持久，影響我的進修計劃和教學生活。這中間由於劉主任的居中調和，阮主任的從旁化解，打開了原本兩不相讓的尷尬局面。

時間像風馳電掣般地，一眨眼到了八月初，離九月開學只有個把月。急請同鄉好友柳先生，同事張先生等商議，籌辦結婚大典的喜事；一切在國難當頭，從簡有序的原則下，於民國四十三年九月五日中午，在台北市中華路二段同慶樓餐廳宴請諸親好友。從此和chyi小姐共譜秦晉之好，永結白首之約。揭開了我全部生命過程中的歷史新頁。

咬緊牙關，克服困難

民國四十六年，我在台北縣樹林中學服務滿五年，結婚後的第三個整年，更是自我來台後，在讀書進修過程上的轉捩點。

回想我自四十三年九月結婚後，次年六月，即生下長子王愷。太太婚後，一直沒有找到合適的工作，當時中學教師待遇微薄，月入只有三百元左右，全家兩個大人，一個小孩，可謂食之者眾，生之者寡，再儉也不足以餬口。劉主任看我們處境堪憐，常常邀我們到他家作客。這樣地久天長，依人作嫁，終非長久之計。思之至再，惟有自己奮發有為，力爭上游，給太太找分固定的工作，自己考取理想的大學，才是改善生活，和命運搏鬥的上策。於是我們咬緊牙關，擬定計劃，克服眼前的困難。

第一、把時間作合理分配：針對自己考試科目的重點，尤其國、英、數三主科，特別加油。每天四點半學生放學後，利用班上的空教室和黑板，演算數學，包括三角、幾何、大代數。晚上閱讀高中國文和背誦古文觀止。早晨五點半起床後，到樹林水源地，空曠無人處，讀英文單字和短篇英文選。然後再利用星期六下午和星期天全天作複習工作。

第二、把生活費全部交由太太作合理有效的使用：以小兒王愷的健康為優先考慮，如每天必須食用的奶粉、營養品胖維他、預防消化不良的鷓鴣菜，和適應四季氣候變化需要穿戴的衣服、帽子、鞋襪，和隨著小孩日漸長大，供其嬉戲的玩具等，盡量不缺。我們夫婦二人，除食米、麵粉、燒柴由政府配給外，副食方面包括青菜、肉類等，每天菜錢以不超過新台幣五元為度。

第三、除非絕對必要，不參加任何婚喪喜慶，不購買任何奢侈物品，不帶小孩出遊娛樂場所，不看電影。

如此節衣縮食，在二人同心，其利斷金的合作下，我和妻兒共同聯手越過了艱難困苦的歲月。四十六年七月我第一次參加大專院校聯合招生，被錄取分發到私立淡江文理學院（原淡江英專）商學系秋一F班。我把幾年來省吃儉用的積蓄，第一次註冊入學的學雜費、書籍費，幾乎全部用罄還不夠。又因為淡江文理學院校址在淡水，為了讀書方便計，我拜託劉主任介紹我到淡水初中教書。

事有湊巧，當時在樹林中學教家事的老師胡女士辭職，中途找人代課不易，我太太以前曾在金瓜石時雨中學任教有年；教學經驗豐富，加上她新近經台灣省教育廳核准，爲台灣省中等學校登記合格的備用教師，並發有證明文件。所以在她完全符合中學教師任用資格的情況下，被任命爲樹林中學的代課教師，專教女生班的家事課。這對我到淡江文理學院讀書進修的計劃，信心倍增。「天無絕人之路」，「自助而後人助」以及「求神不如求人，求人不如求己」，在這個自認爲是「否極泰來」的轉關時刻，誰能料想得到，命運之神又在暗地裡，向我們這個連年苦難的家庭施什麼魔咒呢！

我又情不禁地流下兩行熱淚

四十七年四月，這是我在淡江文理學院商學系讀大一的第二個學期，同時也是期中考的前夕；接到校方下學年註冊通知，說是在下學期註冊前，每位同學必須先預繳「留額金若干元」，否則，不保留其學籍。淡江的苛捐雜稅很多，這一項不合理的規定，對家庭富有的，自無需計較；像我連肚子都塡不飽的人，又怎能視若無睹呢！唉！真是無奈。

中午，大約一點左右，正是我打開飯盒，剛吃完太太早晨給我做的午餐——兩張蔥油餅，又喝了點兒白開水，平躺在教室旁碧草如茵的斜坡上，閉目靜思，只感覺淡水河的流水，似乎就在我身邊靜靜的淌著，白雲從圖書館後面靠山的一角，慢慢爬上樹稍，和風送來春天的消息，路邊的杜鵑花，張著迎人的笑嫣，我突然聽到學校播音室的喇叭，傳來午間的新聞，說：「蘇俄的史潑尼克衛星，今日凌晨發射成功」，這時，我突發奇想，人類已經走向太空，而我卻躺在廣濶的草地上，仰望遠天近海，讀些食之無味，棄之可惜的會計、簿記、經濟學、邏輯學的英文原版書，查不完的單字，搞不懂的詞義，到底我是學英文？或是學商學？更何況一家三口爲了我一個人讀書，弄得太太、兒子陪著我受累，真令人思之哽咽，言來傷心！假若皇天不負苦心人，成立一所大學夜間部，白天工作，夜晚讀書，既可養家活口，又能滿足進修的心願，兩者兼顧，該是多麼理想。

由「蘇俄史潑尼克衛星」的發射成功，促使我聯想到許多往日的艱辛、眼前的瑣事、將來的打算、家裡的妻兒，和大陸上日益年邁的雙親。我的眼眶又情不自禁地流出兩行熱淚！

走投無路時的奇遇

民國四十七年的六月，樹林中學校長換人，新人新政，總離不開「新官上任三把火」，專挑軟的、有懈可擊的地方下手。我太太是教育廳登記合格，缺乏中等學校教師檢定合格證書，又不是大學院校畢業，在差人一等的情況下，當然就成了新任校長挑剔對象，暑假之前，就被學校通知停聘而頓失工作；也因此待業在家，心情陷入低潮而極度憂鬱。

我報考台灣師範學院新成立的夜間部師資專修科被錄取，暑假後，準備在淡江文理學院辦理休學，改讀台灣師範學院國文專修科。在攘外必先安內的原則下，目前最迫切的是給我太太找個就業機會；這樣不僅可以馬上減少她因失業而引起的憂鬱之苦，同時也是紓解家庭經濟壓力，和我讀夜間部註冊繳費的需用。再說，父母忍飢耐寒，尙可艱難度日，小兒王愷剛滿三歲，又怎能讓他跟父母一起挨餓呢？所以「找工作」是當前頭等大事。

八月底，是各級學校即將開學的前夕，樹林附近的中小學我幾乎都跑遍了，還到處託人打聽，都異口同聲的說：「沒有缺額，很難安紮」，我每天坐困愁城，像隻熱鍋上的螞蟻，正一籌莫展之際；某日下午，大約四點鐘，我憂愁憂思，滿臉哀怨的表情，拖著沈重的腳步，緩慢地彳亍在樹林火車站前的街道上，「無語問蒼天」，只有用「無奈」、「絕望」來描寫我當時失望的心境。正當走投無路之時，突然背後有人叫我的名字，回頭一看，是郭先生。郭先生長相魁梧，素有「大個兒」之稱。河南修武人，和我太太小同鄉，還有點沾親帶故的關係，原在宜蘭縣羅東鎮的大洲國民小學任教，後因流亡學生資格，申請到台灣師範學院國文系借讀，目前正讀三年級。好久不曾謀面，現在正當我人生十分失意的時刻，路上相逢，自有訴說不完的感慨。我就把年來的遭遇，目前的需求，實話實說的向他一一言明後。他毫不遲疑而且斬釘截鐵地要我馬上隨他回宜蘭羅東，去找宜蘭縣教育科的梁督學。

梁督學，河南安陽人，北平師範大學化學系畢業的高材生，民選國大代表，曾在河南設有化工廠，平生以發展中國實業爲職志，當時是河南省響噹噹的人物；來台後，現任宜蘭縣政府教育局督學，我於民國四十年能到南方澳南安國民小學工作，也得力於他的大力促成。年約五十四、五歲，爲人熱誠負責，有燕趙之風。

改變了我一生的命運

去宜蘭羅東請梁督學幫忙，是個好辦法，只是我現在阮囊羞澀，連坐火車買票的錢都沒有，可以說舉步維艱。郭先生說：「沒關係，只要能到台北車站就有辦法。」很快的商量定妥，也顧不得再回家通知我太太，我們兩個就買了兩張火車票到台北。站內旅客如潮，郭囑咐我站在去宜蘭的買票窗口等他，千萬不能離開。只見他在人群中來回穿梭好幾趟，最後和一位年約六十歲上下，手持愛國獎券，正逢人兜售獎券的跛子，在一塊兒耳語。不一刻，他面帶微笑地走到我跟前，馬上買了兩張去羅東的票，轉身便一起剪票登車，坐定後，透過車窗，遙看剪票口的時間已是下午五點一刻，暗暗尋思，車到羅東，恐怕要入夜九點半了。

梁督學住在此地衛生院內後面的三間破屋內，廚房除外，室內陳設極簡陋，除日用桌椅，睡覺床鋪外，別無長物。我前些年曾隨柳先生來過兩次，後來因為到台北工作，幾年沒有來，屋子裡還是依然故我，一點兒也沒有改變，足見其為官清廉。

入得室來，經郭先生說明此來的原因後，梁督學看看腕錶，已經快十點了，馬上就說：「時間已為時不早，我們立刻趕往羅東中學，找人事室主任魏先生設法，尤其開學在即，刻不容緩。」說著，他起身拉著我，三步併做兩步，出了衛生院的偏門，順著大路前行，再橫越一條寬廣的馬路，然後步上田間的仄徑，直行，約十五分鐘後，眼前始看到在昏黃的路燈下，有一座不太顯眼的羅東中學校門，緊靠校門之外約十五公尺距離，有一排新建的磚瓦平房宿舍，其中第三家，屋內還亮著燈，有大人講話，小孩笑鬧聲，似乎正準備熄燈入睡的樣子。梁督學馬上撳鈴呼叫，入內坐定，魏主任知道事屬緊急，一看祕書黃夜親來，知道關係匪淺，不容推託遲延，便立即說明羅東中學人事已定，目前沒有機會，但我可以打電話找龔先生，他是蘭陽女中的人事室主任，蘭女歷史悠久，班次多，教職員多，看看他們有沒有機會安置。不一會兒，由電話中得知蘭女有機會，希望我明天能帶著梁督學的親筆信，在上午九點半至十點之間，到蘭陽女中訓導處找徐主任面談後，再行決定。我一看事已乍露曙光，即刻和梁督學辭出，循原路返回梁督學住所。又略進飲食，即寬衣入睡。

次日，七點不到，起身洗漱，梁督學也準備去宜蘭縣政府上班，我也要依約到蘭陽女中面談。早餐草草吃畢，我和梁督學便分道揚鑣。臨行前，我又向梁督學請示機宜，以及進一步探聽蘭女人事室龔主任和訓導處徐主任以及該校校長的背景、爲人、作風以及學校環境和彼此對答時，應該注意的事項。據梁督學說，此皆多年老友，公私往來，關係融洽，只要確實有缺，相信不會有太大問題。

我搭公路局的車子準時在上午九點三十分到蘭陽女中，先拜會徐主任，再由徐主任帶我去人事室見龔主任。在人事室的小會客室內，我們談了很久，知道這個缺額，是訓導處的女生管理員，因爲此校有女生宿舍，住校生二、三十位，必須有一專任人員負責管理。不過，雖然是女生管理員，但可以教師名義聘任。緊靠著女生宿舍旁邊，另有一個大房間可供居住，每日三餐，不必自己開伙，可以和住校生一同用餐，生活極方便。更何況女生宿舍旁有走廊，周邊院子又空曠，可供小孩玩耍，安全也沒有問題。校長指示，後天下午三點要在校長室約見我太太。希望明天下午五點以前到校報到，現在先發草聘，待校長約見，作最後決定後，再發正式聘書。當我正式向龔、徐二位主任告別時，已經是當天上午的十一點了。

這兩天出人意料的奇遇，對我而言，簡直像洗三溫暖，時悲時喜，忽憂忽懼。假如當時不在樹林火車站前巧逢郭先生，而郭先生如不是俠肝義膽，熱心相助，到羅東後，又欣逢梁督學的古道熱腸，不僅有寬廣的人脈和勞而無怨的態度，星夜奔走，四處求告，以及羅東魏主任、蘭陽女中龔、徐二位主任的推誠不疑，竭力幫忙，單憑我個人微不足道的棉力，在那個「前不見古人，後不見來者」的時刻，真是「念天地之悠悠，獨愴然而泣下」。謝天謝地，更謝祖先的保祐，讓我絕處逢生，改變了我一生的命運，這是我永遠難以忘懷、永遠要牢記在心、永遠感謝他們的恩德！追思既往，瞻望未來，直到今天，我還時刻不忘，永久永久銘記在心，並正告我後代子孫，涓滴之恩，當思湧泉以報！

三個年頭的艱辛歲月

民國四十七年，是我喜憂參半的一年：因爲今年八月底以前，不但解決了我太太就業的問題，也完成了我考取台灣師範學院國文系的心願，同時爲了適應家庭環境的變化，而又必須將全部家當由樹林搬往宜蘭。今後如何兼顧工作、讀書，和照拂家庭的多種需要，首先，是到淡江文理學院辦理休學，其次：是辭去淡水初中國文教師的職務；再是請託友人介紹我到台北縣瑞芳工業職業學校擔任教職。所以如此大費周，實在是因爲瑞芳介於台北、宜蘭之間，每天有火車直達，除晚上到台北師範學院讀書方便外，家中一旦有事，也可以馬上返家料理，一舉數得。就這樣，從四十七年的九月起，到五十年七月止，如此拉鋸式的艱辛歲月，整整維持了我三個年頭。

在當今「有錢可以行遍天下，無錢寸步難行」的情形下，我拖著妻子小孩，光是將那些鍋竈、水缸、桌、椅、櫃子、牀鋪，大大小小一樣樣由家中搬到車站，辦理託運手續，再從宜蘭火車站，用拖車搬到蘭陽女中，就夠我受的。

再說瑞芳吧，瑞芳是座山城，更是台灣產煤淘金的勝地，金瓜石、九份的金礦，猴洞、牡丹坑的煤礦，遠近馳名。它周圍環山，悠悠的基隆河，繞山穿嶺，從瑞芳峽谷直下，越四腳亭而八堵、汐止、台北，然後會淡水河入海。宜蘭縣的火車在八堵迎接由台北、基隆的來客，揚著長長的鳴笛，越山洞，過鐵橋，到瑞芳後喘口氣，然後再呼嘯而去。台灣俗諺有「竹風蘭雨」的雅號，是說受到台灣地形和氣流的影響，新竹的風，宜蘭的雨，是長年生活的特色。其實依我的經驗，瑞芳的多雨，遠較宜蘭爲甚。此地因爲產煤，無論早晚，總是煤煙籠罩，臭氣薰人；尤其在夏日雨後天晴之時，煤氣蒸發後再經微風吹拂，令人有呼吸難耐之苦。

我一個人住在瑞工單身宿舍，為了每天趕搭由瑞芳四點四十八分開往台北的火車，必須先把當天上課使用的書籍、文具以及繳交的作業準備好，聽到下午四點二十分最後一節下課鈴聲響起，照例疾步離開辦公室，走下山坡，通過一座水泥橋，再繞著山邊下行，穿越一座又髒又暗的菜市場後，走進火車站的剪票口，到月台候車。因為這是由蘇澳開往台北的普通車，往往是鄉下人進城，什麼樣行業的乘客都有。有空位我就坐下看書，沒有空位，就得一路站到台北。

師範學院夜間部校址座落在台北市和平東路一段。民國五十年前後，台北市的市政建設剛剛起步，經濟既不夠繁榮，當然市內交通可以說還大致保留著日據時代的原貌，由瑞芳四點四十八分開出的火車，如果準時的話，往往要一個小時的車程，到五點五十分左右抵達台北。然後經過車站驗票口、站前廣場、再穿越車水馬龍的中正路，到對面約一千公尺遠近的公車站，搭十五路或三路的市公車去學校上課。如果車行順利，從火車站到師範學院至少也要二十分鐘，夜間部是六點半開始上第一節課，所以我每天都沒法吃晚餐。再加上夜間部負責教務的先生，總唯恐我們書讀的不夠多、不夠好，所以由星期一到星期六，每天都是從下午六點半開始，一連四節課，到十點十分下課為止，就連星期天也不放過我們，上午也要到校上體育。當時根本沒有什麼必修科和選修科之分，幾乎每一科都是必修。

晚上搭火車，對我而言，更是人生一大痛苦。因爲夜間部十點十分下課後，到火車站要坐半小時左右的公車，從台北開出的火車卻是十點四十五分，如果經過剪票口，再上、下天橋，穿越第一月台，走向第二月台搭車，時間根本不夠。所以我總是下了市公車後，利用跑百米的速度，越過馬路和站前廣場，直奔火車站，到了第二月台，這才停下腳步，但已累得上氣不接下氣，通體汗如雨下。有時迎著到站的火車，魚貫而登，心中尙慶幸自己未落人後。可是有時火車非常準時，有時又遲遲不來，等十分或二十分是經常的事。最糟的時候，是等半個小時或四十分鐘以上，當時車站設備簡陋，沒有座椅，即令有幾張，也不夠等車的旅客坐。尤其當夜深人靜之時，竚立在月台的一角，瑟縮的、無助的、寂寥的，其情其景，想來眞像一隻流離失所的喪家之犬。熱天或平靜無風的時候還好，如果天候突變，風狂雨驟，空曠的月台，更使我沒有藏身之處；這還不是最關緊要的，最關緊要的是我坐車到了八堵，要換乘由基隆去宜蘭線的火車。如果台北十點四十五分的火車不準時，延遲超過半小時以上，我到八堵就準定無車可接，當時交通工具奇缺，除火車外，別無他途。不得已，只好向八堵車站站長情商，請他網開一面，讓我改坐去瑞芳運煤的空車，如果交涉順利，由八堵坐煤車經暖暖、四腳亭，到瑞芳已是凌晨一點半到兩點之間了。想想這般時候，我連當天的晚餐都還沒有吃。看著車站前面，走廊下，有個賣麵的，招牌上寫著「陽春麵一碗一元」，熱騰騰的蒸氣，由火爐上冒出，蔥花、麻油四溢的香味，真令人垂涎欲滴。摸摸口袋裡的那點兒錢，還得準備下週回宜蘭時，給小孩買兩罐「牛肉汁」進補，即令飢腸漉漉，我也不敢動用分毫。就這樣緩步走回住處，先把電燈打開，再走向離住處不太遠的大伙房，先拿伙伕老胡給我溫在大鍋裡的便當，小心翼翼地，先伸手摸摸，便當還是溫溫的。我喜形於色，匆忙坐在寢室的書桌旁，燈光映著餐盒裡的粒粒白米，和各種不同的菜色，這時讓我情不自禁地想起遠在宜蘭的妻兒，是不是正相互依偎地躺在床上，編織著明天將要到來的美夢呢！

向百年樹人的大道，去散播教育的火花

民國四十七年九月，我考取師院夜間部師資專修科，當時只有國文、史地、英語、數學等四班，人數不到兩百人。

程旨雲老師擔任夜間部主任，入學註冊的第一天，每班分組口試，剛好我被分到　旨雲師一組，大概是星期天上午八點半鐘，在國文系辦公室裡，我晉謁了這位和藹可親的國學大師，也是若干年來一直鼓勵提攜我的恩師。

師院夜間部師資專修科的創立，是開中華民國教育史上的新紀元。它的前身爲夜間補習

班，當時劉白如先生任師院校長，　旨雲師擔任班主任，他們目睹失學或有志進修的青年之多，於是經過數度研究、奔走，才呈請教育部將原補習班改制爲夜間部，正式招收專科學生。

我到師院夜間部師資專修科讀書，應該引爲平生最大的榮幸。當時教我們的老師，國文是唐士毅師，國學概論是　旨雲師，訓詁學是景伊師，文字學是　笏之師，昭明文選是　遠堯師，尚書是　實先師，文法是　士英師，學庸是　泮藻師，史記是培之師，甲骨文是　鐵凡師，教材教法是銳初師，這些老師可以說都是學界山斗，士林中的一時之選。每位老師都趁白日課暇，不辭夜黑難行之苦，到夜校來教我們這一班從四面八方拼湊而來的頑徒。

旨雲師教我們《四書》、國學概論和《左傳》，幾乎每年都有他的課。夜間部的公務再忙，卻從不請假，那時候，他有點風濕，好像行走不太方便；只是覺得他步履蹣跚，表情有點吃力的樣子，可是，在沒有課的時候，他總喜歡站在夜間部辦公室門口，看著來往穿梭的學生，給學生打招呼，問家常。

旨雲師喜歡講故事，但並不認真講，也許是因爲他道德學問高，化絢爛爲平淡的關係。有些同班同學上課不專心，聽不出他在講故事，有聽出來的同學，可能感覺沒啥意思。不過，我卻對他老人家這種借幽默故事進行說教的方式，獨有鍾愛。例如講四書某章，牽涉到「鏡子」的問題，再加上當時蘇俄發射了「史潑尼克」首顆衛星，他便大發議論，說：「鏡子在中國應用最早，但利用玻璃做鏡子，卻是近幾十年的事。過去我們都拿銅鏡來化妝，可是西洋的伽利略在十八世紀，卻利用鏡子，揭開了天空的秘密。從而給天文學以新的估價，並帶動了近代的微生物學、太空學以及醫療學、病理學上的大革新。所以我們不要以爲一片玻璃鏡子是小玩意，但它卻給中、西兩方面的科學發展，劃出了進步和落後的顯著界線。」這個故事穿插在字裡行間，因爲當時佔據的時間並不長，而他又並不認真的講，所以很多同學都忽略了故事本身的啓發性和教育意義。很幸運的，我有「處處留心皆學問」的執著，直到現在，我很多觀念和對人對事的看法、做法，無一不受旨雲師的感召。遺憾的是，我不能把他當時和以後借題發揮的名言讜論一一記述下來，不然的話，一部類似「朱子語錄」的《旨雲夫子語錄》，應該可以產生的。

我是一個「窮」學生，但生活卻像隻在暗中操弄的魔手，把我從父母慈祥的懷抱裡搶走，先漂泊到中國的西北，又淪落到大海的東南；有時候，在饑寒交迫，尤其是冷不成眠的冬夜，矯首海天相隔的爸爸媽媽，他們又何嘗不在思念著自己天涯淪落的愛兒！

民國四十七年八月，我辭退了台北縣淡水初中的教職，到遙遠的瑞芳工職服務，太太帶著一個三歲的小孩住在宜蘭。從瑞芳到台北師院夜間部上課，這個來回數小時的路程，對我真是一個嚴重的考驗。不但在精力上是，就是每學期註冊所需的學雜費、學分費，我當時真的負擔不起。第一學期開學，一註冊就要九百多塊錢，不得已東挪西借，最後總算湊齊了。可是時光易過，寒假以後，接著又要註冊了，還是個九百多塊，當時我真是山窮水盡，走投無路了，不得已，函請夜間部准假兩週，以便等到月頭發薪！可是 旨雲師就在我哭天天不應的時候，給我回了一封限時信，大意是說：「接信後，知你因註冊費一時籌措不及，擬請假兩週，延緩註冊，自當照准。不過，經查你上一學期的學行成績是全班第一名，按照夜間部獎勵辦法的規定，你可以得到五百元的獎學金，這去註冊費九百多元，還差四百元左右，不足之數，由本人先行墊繳，希望你能按時來校，不可耽誤課業」云云。我當時讀了這封如同及時之雨的信件，兩眼的熱淚，不禁奪眶而出。暗想 旨雲夫子自己的月薪已經十分微薄了，又並不太瞭解我這個窮學生的情況下，還能毫不吝嗇地伸出慈祥的援手，給無可倫比的溫情，我喜悅混合著感激。情感激動的眼淚，就像決了口的黃河水，一發不可收拾。

旨雲師喜歡成人之美，他往往在人漫不經心處去鼓勵你奮進。例如民國五十八年五月，我因爲平時聽士毅師講大一國文，很有點心得，當時大一國文選係採用由《國語日報》社出版的《古今文選合訂本》，由於《古今文選》的詮譯、資料的選擇、行文措辭各方面，難免沒有大醇小疵的地方，所以我根據讀過的篇目，摘錄出若干值得商量處，做一點問難質疑的工作。記得當時寫了篇五千字左右的稿子，可能是投到師院《人文學報》，當時我也沒想到《人文學報》會不會登，更沒有考慮到這篇文章登出以後的結果。後來這篇稿子，像石沈大海，好久都不見消息。大概到了快放暑期了，一天，上國文課，士毅師突然把我叫出去，很委婉的告訴我，說：「前天晚上，程主任交給他一篇我的文章，立論極好，考訂還算精確，不過有若干措辭語氣需要修正，現在我把這篇文章轉交給你，你再詳細的看一看，如果需要登載，程主任一定會選用的。」我當夜坐在由台北回瑞芳的火車上，對著昏黃的車燈，重讀一個多月以前的作品，發現文中下字、遣詞、設篇、立意，沒有一個地方不是滿目荊棘。心裡難過得直掉眼淚。同時往深處一想， 旨雲師是怕我遭遇被退稿的打擊，卻又很想栽培我成材，所以不惜奔波轉折，請 士毅師轉交給我，想想他那種心存忠厚，推誠待下的苦心，真叫我永遠也忘不了。

老師的博學廣識，愛人以德，成全別人，燃燒自己的高風亮節，永久是我立身治學的典範，而今而後，我要肩起 旨雲師對我的期望，向著百年樹人的大道，去散播教育的火花！

不得不向權勢低頭，為五斗米折腰

在瑞芳工業職業學校任教，和同時到師範學院夜間部讀書，都整整一年了。雖然披星戴月，餐風宿露的日子，讓我過得辛苦，但很充實。因爲過去讀書只是自己在無涯的學海裡暗中摸索，往往由於自己的矇昧無知，總是這本書看一看，那本書瞧一瞧，既無目的，也缺乏計劃，更不曉得什麼叫做治學方法和研究途徑，浪費了太多的時間。到師院讀書後，既有志同道合的同窗好友可資切磋，又有年高德劭的師長從旁提點，往往他們的一句話，經過細心玩味後，讓我有勝讀十年書之感。

當時教師的待遇很差，我每個月的薪俸只有三佰伍拾元還不到，吃不飽也餓不死。更何況夜間部每學期開學的學費、雜費、學分費等，合計高達九百六十元，以我每個月三百五十元的薪俸計算，除去個人每天三餐的化用和貼補家庭兒女的食需，再加上來往台北、宜蘭之間的交通費，從月頭熬到月底，幾乎所賸無幾。

民國四十七學年度，總算熬過去了。四十八年八月底接到師大夜間部繳費註冊通知單，規定九月十號註冊，十八號開學，並附帶說明，如果學生因病或因事不能準時辦理註冊手續時，可以用書面申請延後兩週辦理。而四十八學年度第一學期註冊時，應繳九百六十元正的高額費用，對一個中學教師來說，等於是三個月薪俸的總和，我再怎麼省吃儉用，半年也存不了這麼多錢。當時兩眼望著註冊通知單，心擰成一團，手捏把冷汗，真的不知道該用什麼辦法，才能湊足這筆龐大的用項。

離九月十號夜間部註冊繳費的日子越來越近了，合計一下，半年來口袋裡的存款，也僅僅只有五百元不到，這距離九百六十元還差好大一截，因爲學校裡同事們大多攜家帶眷，大家都鬧窮，我四顧茫茫，一籌莫展，最後決定還是寫一張情辭懇切的簽呈，向學校預借一個半月的薪俸，以後再按月由會計室扣還，想想這種自我救濟的辦法，對別人無損，對學校無害，我預支自己應得的薪水，總應該說是天經地義，順理成章的事。這也是我當時在走投無路的情況下，思之至再，唯一可行之道。

某日，下午三點鐘左右，因爲瑞工正準備開學，學生三五成群的結伴到各處室辦理註冊手續，這時我離開訓導處，穿過教室的長廊，走到水泥橋頭，隔著對面校長室的玻璃窗，一眼就看見校長正坐在辦公室辦公，別無他人，剛好是個機會。我就急忙將簽呈遞上，說明不得已準備向校方預借一個半月薪俸的原因，並以乞憐的語氣，懇請校長恩准。校長抬頭看了我一眼，仍然坐在原來的位置上，一動也不動，連個招呼也沒有打。一隻手拿著我的簽呈，掀起掛在臉上的老花眼鏡，向著簽呈上的文字用力瞄了一下，接著又把簽呈放在辦公桌的玻璃板上，這時，雙手撐著椅把，緩緩地立起身來，面對着我，身體向前靠近一步，然後慢條斯理的低聲說：「這個簽呈我暫時不批，因爲最近有位老師向學校借支後，捲款潛逃，留下不少債務，只好由學校代爲墊付。」此話一出，顯然是把我和那位捲款潛逃的老師拿來相提並論，這對我簡直是個天大的羞辱。我當時確實火冒三丈，心想，不借錢沒關係，但絕不能忍受這種人格上的踐踏，可是我很快的又按捺下去，在人屋簷下，那能不低頭，爲了完成師大國文系的學業，也只好忍一時之氣了；否則，如果和校長翻了臉，錢借不到事小，說不定連教師的工作也砸了，到那時，爲了逞一時的快意，連累妻子兒女一塊受罪，豈不是得不償失？想到這裡，我便馬上壓低姿態，向校長再進一步解釋：「借支只是爲了繳交入學註冊的費用，不得已而爲之，絕非不當使用，請校長體諒下情。」校長看我站在原地不動，大有非借到錢不走之意，於是又心生一計，叫工友去請會計室馬主任來一趟，不久，馬主任從外面匆匆入內，我倆打過招呼後，他快步走到校長對面。校長問：「最近學生剛剛註冊，還沒有正式開學，不知道學校公庫有沒有存款？」

馬主任是個聰明人，閱歷多年，經驗豐富，聽到校長話中有話的詢問，早已料到八九分。他先向我使個眼色，然後毫不遲疑地回說：「報告校長，學校目前有錢，如有急需，沒有問題。」

「那好吧！既然馬主任說學校有錢，王先生，我就批准照借。」當然這是校長騎虎難下後的最好收場。

馬主任轉身順勢拿起校長剛剛批過的借據，拉著我走到會計室，辦理借支手續。其間，我們兩個人心照不宣似的，自始至終一句話也沒有說。「僅僅預借一個半月的薪俸，總共才五百二十五塊錢，竟然如此折騰。」我想，馬主任完全能夠體會我當時內心的難言之苦！

我把預支的一個半月薪俸——五百二十五元裝進口袋後，離開會計室，走回訓導處的路上還在想：「口袋裡裝的不是錢，是用我被撕裂的人格換來的血淚。」爲了完成我的學業，爲了妻子兒女的生活，爲了安定目前的工作，更爲了長遠的未來，即令對不起天地祖宗，我也不得不向權勢低頭，爲五斗米折腰！

無奈地凝視著院子裡夾竹桃盛開的紅花

我太太在台北市有個同宗的近親，自小至大，都受他們多方的呵護，尤其民國三十八年自廣州來台前後，當時要不是這位近親的幫助，僅憑我太太一個形單影隻，二十歲不到的女孩，想要逃出中共封鎖，搭上遠洋輪船，平安到達台灣，以及到台灣後，還食衣無缺，又幸運地找到小學教師的工作，這一切都得感謝這位近親的提攜。尤其是當我岳父岳母都身陷大陸，只有我太太幸運來台的情況下，更感覺此一親情的可貴。

民國三十九年，我太太在台北縣金瓜石瓜山國民小學擔任教職時，當時我正在鼻頭國民小學教書，兩校同屬台北縣瑞芳鎮轄區，尤其想由鼻頭去基隆或台北辦事時，金瓜石爲必經之路。爲此，我也曾多次趁著往返台北之便，到瓜山國民小學去探望過她。四十年我改赴宜蘭縣蘇澳鎮南安國民小學任教後，因爲路途遙遠，交通不便，我個人又忙於教學和自修，彼此才逐漸失去聯絡而疏遠。一直到民國四十二年二月，我從宜蘭轉任台北縣立樹林中學教員後，於次年，即民國四十三年暑假，我太太自金瓜石來樹林省親，才又在劉主任家相遇。數年闊別，舊情尚在。於是有當年九月五日結婚之喜，使此一段時斷時續的愛情慢跑，畫上美滿的句點。

我和太太結婚，爲她這位近親所不喜。原因是這對近親夫婦什麼都好，只有一樣，那就是嫌貧愛富的個性。雖然如此，我太太對他們卻執禮甚恭，從不計較這些，甚或裝著視而不見，聽而不聞，只知善盡晚輩之禮；所以我和內子婚後，無論是因爲工作的需要，住在樹林、或宜蘭、或北投，甚或現在台北市和平東路的師大宿舍，地方再遠，手頭再拮据，一年四季的噓寒問煖，逢年過節均執禮探望，從來不缺。即令如此，仍難改變他們對我的不屑與輕蔑。

民國五十五年，也是我和太太從宜蘭蘭陽女中搬家來北投，到省立復興中學任教的第二年。當時我們住在北投大屯里開明街三號，三個小孩還很小，老大王愷讀小學六年級，老二王憬和老三王恆，姐妹兩個，一個讀小一，另一個還在讀幼稚園。我太太在復興中學任教，當時我剛剛通過師大國文研究所的碩士學位，被私立德明商業專科學校聘爲副教授兼訓導長，在生活上，較之以往已有顯著改善。一年容易又春節，農曆年到了，照例和太太帶著孩子，選擇大年初二，到台北吳興街這位近親家拜年。

早先，我和妻子商量好，如果這位近親熱情招待，就留下午飯，不然，坐計程車，帶孩子到圓山兒童樂園去玩。早飯後，略事收拾，買點過年賀禮上路了。時間是當天上午十一點到他們家，拜年畢，正坐在小客廳內聊天，又有左右近鄰來家賀年，我們一看客人川流不息，客廳坐不下，於是我太太到內屋陪她嬸娘說話，我一個人躲入小書房休息，三個小孩在院子裡玩。

不久，客去人散，時間也十二點了，桌椅在客廳裡已經擺開，四碟入時的小菜，外加一盤年糕，大碗葷菜四個，另以水餃爲主食，想不到兩位老人家今天待我們如此殷勤，一家五口方才安心用餐。席間無外乎講些生活近況，教學情形等，大約午後兩點許，我們才帶著三個稚齡的孩子，向老人家告辭返家。事後，我們還一直慶幸地說：「人老了，修養也臻於化境了，他們做人處世的態度較之往年，顯得特別溫良。」

第二天，也就是正月初三，北投的天氣特別暖和，陽光透過重重綠蔭灑到院子裡，連躺在屋簷下的小黃都懶洋洋的。時間是下午三點鐘，郵差送來了一封限時專送的郵件，看信封上的地址，就知道是台北市吳興街那倆位近親寫的。猜想：「昨天才去拜過年，精神、體力健朗得很，怎麼剛過一夜，就發生狀況，真是人有旦夕禍福。」想著想著，順手把信拆開一看，三大張十行紙，從頭到尾，蠅頭小楷寫得密密麻麻，信中的內容大意是說：「我老倆口在書房靠牆的那張書架第三層中間的一本書，後面用白報紙包了五仟元新台幣，這是我們購買房子準備預付的頭期工程款，最近就要支用；現在遍找無著，最近只有你昨天來家拜年時，曾在書房小憩，伍仟元不是小數目，絕不可能不翼而飛，肯定是有人因爲急用拿了。不過，事已至此，我們已無意追究，因爲大家情屬至親，如果一旦張揚出去，使事態擴大，不僅毀滅了一位苦讀有成的人的一生，同時，我們也連帶的受到牽累，顏面無光……。寫信的目的，是在告訴你，想要人不知，除非己莫爲，希望今後凡事自重、自愛，不要令祖先蒙羞，人格受損，斷送了自己的大好前程……」等等。

這簡直是晴天霹靂，丈八金剛摸不著腦袋，昨天去拜年，因客廳人多，我確曾在小書房停了一會兒，但，這不能代表我拿了他們的錢。真是天大的冤枉。我跳了起來，簡直不知道該說什麼好，把信向我太太面前一丟，「這是您的好親戚，從今以後，我永久不再踏進他們家的大門！」我大聲向我太太吼叫，接著，我知道這不干太太的事，停止吼叫，傻楞楞地站在門口，兩眼凝視著院子裡夾竹桃盛開的紅花，心裡暗自沈吟：「長這麼大，還沒有遇到過這種事，雖然在台灣生活過得辛苦，但卻時常想著要潔身自愛和『人窮志不窮』；現在竟然被太太的至親，懷疑自己是『三隻手』，這不僅是對我精神上的虐待，更使我祖先蒙羞，人格受損。」

我太太把信看完後，才知道事態嚴重，更同情我剛才的咆哮和衝動，並非無理取鬧，一面安慰我，一面問我如何善後？我斬釘截鐵的說：「馬上去吳興街一趟，一方面向他們委婉的解釋，另一方面促請其向警察派出所報『失竊案』，希望派出所對所有涉及此案的嫌疑人等澈底調查，務必水落石出，還我清白。」當晚六點才由台北返家，一路上想到被人冤枉的這件事，真是食不甘味，寢不安枕，不過天地良心，我既然沒拿這筆贓款，心中自然坦蕩，一夜過後，原在心中積壓的冤氣，也逐漸消褪很多。

兩週以後的某一天，又收到郵差送來兩老寫的另一封信，這一次更是限時掛號，我和太太都嚇了一跳，不知道又有什麼大事要發生了。不過，心裡暗想「不做虧心事，半夜敲門也不驚」，只是覺得年齡這麼大了，老做些驚人之舉，我抽出信紙一看，三大張十行紙，寫得又是滿滿的，信中大意是說：「伍仟塊錢找到了。」「因為最近搬家，整理房間，收拾衣物，才發現原藏在書架上的那包錢，從書架縫隙處掉到後面的地上，怕妳們擔心這件事，所以特別寫信相告，事已過往，勿再以此為念！」話說的多麼輕鬆，多麼不負責任。如果這筆錢找不到的話，我不是永久要背著小偷的惡名嗎？在他們二老的心目中，我就是跳到黃河恐怕也難洗清。事情的發生，距今雖爲時甚久，但每當想起此事，仍不免耿耿於懷。

四、退休時期：由七十一歲至今，隨心所欲的生活

返鄉探親之旅

自民國七十九年（西元一九九〇年）台灣中華民國政府准許公教人員赴大陸探親後，我即於當年的元月廿九日返河南探親，此次探親的旅程，預定元月廿九日（農曆正月初三日）先到桂林旅遊，卅一日去北京，二月四日（農曆正月初九日）上午九時至駐馬店，再請張文珠的先生戴君派車經確山、劉店返故鄉官莊，當天大雪擁道，又正是我母親的忌辰，原擬先去祖墳祭奠，後因雪路茫茫，寸步難行，就改在家中祭祀。原也打算當天在家住一晚，以後發現家中實在無處可睡，生活條件極不習慣。更重要的是我父母雙雙辭世，親友多已凋零，和家中的小妹以及妹夫胡喜，平時缺乏聯繫和接觸，沒有感情。要留下居住，確實有點困難，於是在家略事逗留後，立即決定坐原車返回駐馬店張文珠家。次日，即二月五日，坐下午三點左右由武漢開往青島的火車北上，是夜凌晨三點到濟南。次日早餐後，去山東大

學中文系探望牟世金先生的遺孀及其子女。並搭當天晚上十點二十四分的火車，由牟夫人結伴同行，直到次日早晨七點才返回北京，與其他同來旅遊的友人晤面。十四日再由北京，經香港轉台北，到十五號的下午四點半到家。屈指算來，到今天民國九十五年十二月卅一日止，忽忽又過了十六個年頭，在師範大學退休已是第八年，歲月如流，盛年難再，現在我已經成了名符其實的老翁矣。

到底我是誰？

自民國三十七年（西元一九四八年）五月，我因年少無知，在校輕狂，與人爭風吃醋，發生意外事端，在不可收拾的情況下，憤而參軍來台，屈指算來，迄今已整整一個甲子。

多年來，我回大陸開會、探親，大陸人常稱我爲「台胞」，而台灣人每到選舉，又說我是「外省人」，到底「我是誰？」是「外省人」乎？是「台胞」乎？此皆屬無聊政客爲目的不擇手段的「謗語」，實際上，我既非「台胞」，亦非「外省人」，而是「中國人」，試問，身爲有五千年歷史文化的炎黃子孫「中國人」，又是讀中國書的「中國人」，更是讀中國書的「中國人」中，而從事教育文化傳播事業，在大學講學的「中國人」，這是多麼光榮之事，足可以上對祖宗，下對後代，中對全國國民而俯仰無愧！

依依情懷，誰能知我呢？

我長子王愷全家五口，移民美國已二十多年，有兩個女兒。大女兒王憬嫁給美籍猶太人，生有三女。小女兒王恆嫁給新加坡籍的華人，生有一女。中國人無論走到哪裡，總是身在異鄉，佳節思親，最後仍不免身在國外，心繫故園，有葉落歸根之心願。我大陸河南省汝南縣官莊鄉的老家，已經依小妹和他先生胡喜的要求，無條件贈予居住。同時因爲地方偏僻，交通不便，生活機能又差，父母親友均已亡故，名曰「故鄉」，實同「異域」。爲了今後安身立命，只有未雨綢繆，改在山明水秀的江南購地建屋，另謀安身立命之所。並望子女由國外歸來，或自己去大陸旅遊、休閒、會友、歡聚等，有一固定的處所。

民國九十年（西元二〇〇一年）六月，託師範大學國文系同班同學顏元貞女士，在浙江省嘉善縣西塘古鎮郊區，名「綠苑」的別墅區，買良田六畝（一畝地合台灣二百一十坪，六畝約一千二百六十坪）。中間以五公尺的馬路隔開，路左邊三畝，預定爲兩個女兒居住，路右邊三畝，屬兒子居住。並在次年（即民國九十一年），於左側土地建一法國式別墅，兩層半的洋房一座，院內有廣大草坪，小橋流水，涼亭假山，四面圍以高牆，牆內周遭栽植花木、果樹，牆外有呂江環繞，江岸老柳成蔭，隨風搖曳，如玉女起舞，尤其每當春花盛開，秋月半天之際，與家人團坐廊下，口啖自種的黃桃，遙望點點漁火，此時清風拂面，桂花飄香，真有心曠神怡，不知此身尚在人間之感！

民國九十四年，又在右側空地動工興建碧瓦紅牆二層洋房一幢，局面雖不如左側樓房之寬廣高敞，但其格局，樓上樓下，結構緊嚴，尤其二樓陽台，緣屋半周，配以邊欄，閒時，三數家人，登台極目，或坐高櫈上，看遠方粼粼波光，近處芊芊綠野，和風吻面，稻香撲鼻，頓覺神清氣爽，生機煥發。院內緣牆四周，多植雜花桃李，屋左有杉樹四株，枝葉繁茂，英姿竣逸，大有凌雲之志！自大門由外入內，引道兩旁，碧草如茵，映眼翠綠，遊目騁懷，信可心醉猶不自知也。

我和妻子均已垂垂老去，兒女如知我用心，即令遠在國外，亦應時時以富我中國、利我華民為念，乘渡假、出差、旅遊和其他因事、因時，或專門省親之便，或回台灣故居，或至西塘古鎮之「綠苑」，談讌歡笑，以娛晚景，亦可免父母倚門守閭，望斷天涯之苦。夫秋水長天，依依情懷，遙問天際的飛雁，江上的歸舟，誰能知我呢！

一封留在手邊，沒有寄給兒女的信

愷兒、幼華、憬兒、恆兒：

我本不想寫這封信，可是越洋電話時短情長、話講不完，一直有些話，如鯁在喉，不吐不快，不得已，才寫這封信給您們。

我真希望您們夫婦、兄妹之間都能和睦相處：大事商量，小事忍讓，互信互諒，互助合作，團結就是力量，父母和您們遠隔重洋，照顧您們的日子越來越少，一切都要靠您們自己，用赤手空拳創造自己的事業和幸福，自己跌倒自己站起來，仰賴別人是很危險的，在家靠父母，出外靠手足，手足親情，是最可貴的。彼此不可心存私見。您們應該想一想，爸媽是怎樣對待您們的，您們都是爸媽身上的一堆肉，手心手面都是手的一部分，向來不分彼此，一股腦兒的去疼愛您們，您們如果不能通力合作，相親相愛，不僅惹人譏笑，更使爸媽傷心。「家和萬事興」，一家人都不能和睦相處，還能談創業、談研究，恐怕是自顧不暇，其他一切都談不上了。所以我希望您們要相親相愛，和睦相處。

我真希望您們夫婦，兄妹四人都能事業有成，工作學業一切順利；爸爸不像您大直的岳父，雖然大家都是從大陸上隻身來台，可是您岳父是職業軍人，再困難總還有軍糧好吃，軍餉好拿。爸爸自二十歲到台灣，可說是一天不工作，一天就沒有飯吃，好幾次都是死裡逃生，更時常遭人冷落、白眼，甚而被親戚朋友看不起，這種悲哀的身世，愷兒年長些，您還可以親眼看到，親耳聽爸爸說過，講到這裡，真有不堪回首的傷感！有時候，我都在夜深人靜的時候，暗自落淚。這是一個人吃人的世界，您自己不努力，不力爭上游，仰仗親戚朋友的幫助，是根本不可能的。到時候，他們不落井下石，已經算好的了。「事非經過不知難」，現在我以一個過來人的身分，多麼盼望您們在長大成人後的今天，身在海外，工作學業一切順利。您們的成功，就是爸媽的光榮。

我真希望您們夫婦、兄妹身體健康，精神愉快：俗話說得好：「健康就是財富」，一個身體多病的人，精神必定萎靡不振，這樣再偉大的理想，再崇高的計劃，都等於空談。講到健康，最重要的是生活正常，不可暴飲暴食。飲食要有定時定量，不可因一時之快意，和朋友歡飲，忘記自己的妻子兒女，不可臨時起念，去貪圖非分之財，一個人如果為人做事，能仰不愧於天，俯不怍於人，心安理得，自然生活正常，精神愉快了。而人偏偏容易受人引誘，遇到稍不如意，就心灰意冷，稍有所成，就得意忘形，自己不能肯定自己，對自己缺乏自信，像這樣，要想身心健康是很難的。所以，我希望您們都能提昇自己的精神領域，生活正常，心無雜念。不要患得患失。

我真希望您們夫婦、兄妹能做一個對國家社會有用的人：讀書的目的在做人，做一個頂天立地的有用的人。我們的國家一百多年來都受到帝國主義者的侵略，而中國人自己又不爭氣，到現在不能一德一心，搞得自己的人民對自己的國家沒有信心，真是「親者痛，仇者快」。

一般青年在學校讀書時，談起國家大事，無不熱血沸騰，但曾幾何時，一旦經過時間的消磨，往日的壯志，便成了過眼雲煙了。所以我們的國家數十年來，一直是分裂的局面。爸爸雖年屆花甲，但壯志未減，在我有生之年，當以棉力貢獻於我祖國的人民。沒有國，哪有家，您們能做一個對國家社會有用的人，是爸媽衷心的期盼。

我真希望您們夫婦、兄妹多讀一些中國書：不要做一個假洋鬼子。過去梁啓超說，無論您將來做科學家、教育家、醫生甚麼的，最少一定要讀《四書》，如果連《四書》都不讀，那真不能算是一個中國人了。您們現在都身在國外，有的讀遺傳，有的學藥學，有的學電腦，讀的完全是外國書，一個完全不讀自己國家書的人，如何去愛自己的國家，就好像強迫一個不了解自己父母的人，讓他去孝敬父母一樣，那一定是貌合神離。現在台灣的幼稚園和補習班，專門開辦兒童英語班，這樣下去，我不知道我們的國家將來會不會成爲美國的一州。我深深地爲此憂懼，國將不國，爲之奈何？所以當國家面臨生死存亡之際，我真希望您們多讀點中國書，您們讀過胡適翻譯的「最後一課」嗎？但願您們爲自己的國家，保留點兒元氣。

我真希望您們夫婦、兄妹時常存著感激的心：祇要人有一點成就，都要心存感激。感激上天給我機遇，感激父母的養育，感激朋友的鼓勵，感激國家社會的安定，感激祖先的德澤和庇祐。這是需要團隊精神的時刻，如果沒有客觀因素的配合，您再努力也是一事無成。例如爸爸在台灣將近四十年了，雖然是白手成家，但是如果不是社會安定，朋友幫助，您媽媽的從旁鼓勵，給我一個安定的家，讓我專心研究，我絕對不會有現在的一點兒成就。我應該感激幫助我的人，同時，我也感激那些對我冷嘲熱諷的人，試想，假若不是他們的刺激，我的鬥志不會更昂揚，我的毅力不會更堅強。耶穌說：「我愛我的敵人。」曾國藩說：「打落牙齒和血吞。」一方面要忍耐，一方面要感激。我真希望您們以「己所不欲，勿施於人」的同情心，設身處地，去關懷別人，感激別人。

那時候，您媽還在美國，我給您媽打電話，當時是王恆接的，她說：「爸！您一定要來看我啊！」我說：「是的，不過，我會和您媽商量！」「還商量甚麼呢？一定要來看我！……」「我一定會去看您，您放心好了！」「真的啊！」電話掛了以後，我的熱淚不禁奪眶而出。「兒走千里母擔憂！」您們就是到了天涯海角，爸媽的一顆心，無時無刻不在您們的左右。當您們夫婦吵架的時候，想一想爸媽是如何的痛苦！當您們生病的時候，想一想爸媽是如何的焦急！當您們高興的時候，想一想爸媽又是如何的興奮！我們因為有了您們兒女的安慰，我們才有勇氣繼續活下去。您們的快樂、孝順、成功，就是爸媽的長生果。爸媽甚麼都不需要您們的贊助，祇希望您們合作互助，互信互諒，心存感激，活得像個真正的中國人，我們就心滿意足了。寒假您媽會去美國，暑假我再和您媽同去。您媽很想康妮，因為含飴弄孫正是您

媽的樂事。最後，祝

您們每個人幸福愉快。

父　　同字　民國七十六年九月十日上午十一時半

母　　在台灣台北寓所

（附注：這是我二十年前寫給當時正在美國讀書的兒女們的一封信，不知道什麼原因，一直壓在抽屜裡沒有發現，在我整理舊稿，撰寫〈年譜〉時，發現了這封紙已發黃，以鋼筆端楷用師範大學信箋寫的，長達六頁的信，内容尚有新意；因此，便把原信一字不動的附錄在此。衷心希望兒女、孫子們永遠牢記，不要辜負老人家的叮嚀和期盼）

王更生指導的博、碩士研究生芳名錄（96.5.12）

姓名	服務處	地址	電話
王更生	臺灣師大國文學系	臺北市大安區和平東路二段一一八巷四弄二九號三樓	（02）2732-8821
王基倫	臺灣師大國文學系	臺北市信義區嘉興街三一三號七樓	（02）2739-5101 0910-900-628
王若嫻	環球技術學院通識中心	雲林縣斗六市嘉東里嘉東南路二八之八號 mwan92@yahoo.com.tw	（05）537-6696 0920-591-749
尤雅姿	中興大學中文學系	臺中市南平一街三一號七樓之一 ytyu@dragon.nchu.edu.tw http://www.nchu.edu.tw/~chinese/tea05.html	（04）2263-6871 886-4-2840-318#839
方元珍	空中大學人文學系	臺北市忠孝東路五段五二四巷三弄一九號七樓 臺北縣蘆洲鄉中正路一七二號（空大） fus@mail.nou.edu.tw	2282-9355#7117（O） （02）2759-6289（H） 0937-867-199
朴英姬		韓國 seoul 市龍山區普光洞二六之三，一樓	（82）02-7920345 （82）001-97550527
吳武雄	國立臺中技術學院 應用中文系	南投草屯登輝路二六八巷七號	（049）255-0206 0920-592-295

吳福相	臺灣師範大學國際僑教學院華語文學科	106 臺北市大安區安居街三四巷六號七樓 fswu@mail.nups.edu.tw	（02）2732-7253 （02）2601-6241#356
吳玉如	臺北市立北一女中	臺北市樂業街九四巷一五號五樓 臺中縣東勢鎮東安里本街二三八號 wuyuju@fg.tp.edu.tw	（02）2733-8229 （04）2587-4349 （02）2382-0484#101 0968-298-127
呂武志	臺灣師大國文學系	臺北市牯嶺街九五巷七號八樓 e54@ntnu.edu.tw	（02）2367-6195 （02）2362-5270#828
呂立德	正修科技大學通識教育中心	高雄縣鳳山市文樂街六八巷三號 wx@csu.edu.tw	（07）731-0606#1112（O） （07）777-6203（H）
李四珍	龍華科技大學通識教育中心	臺北市萬華區雙和街六六號五樓 sjlee@mail.lhu.edu.tw 校址：桃園縣龜山鄉萬壽路一段三〇〇號	（02）2307-6621
林妙芬	元智大學通識教育中心	臺北市松山區八德路三段七四巷三五弄六號四樓	（02）2579-2258
林淑雲	臺灣師大國文學系	106 臺北市大安區和平東路一段一六二號 t21045@ntnu.edu.tw	（02）2362-6964#703（O） （02）2248-7465（H） 0922492094
姚振黎	清雲科技大學	臺北市大安區忠孝東路三段二一八號十二樓之二 chenliyao@cyu.edu.tw	（03）458-1196#6323（O） （02）2772-3249（H）
浦忠成	臺東史前博物館館長	臺東市豐田里博物館路一號	（089）381166-666（O）
高顯瑩	台灣珠寶雜誌、樺舍文化特約撰稿	臺北市安和路二段四四巷一五號七樓	（02）2704-6020

翁淑媛	新店市大豐國小	臺北縣新店市大豐路六八巷三〇號四樓	（02）2912-9748（H） （02）2219-3609（O）
陳光憲	臺北市立教育大學 中國語文學系	臺北市中山區明水路三九七巷七弄四九號七樓 prince@tume.edu.tw	（02）2532-2395 0921-127-390
陳素英	中原大學通識教育中心	中壢市水尾里六三之一號 臺北市八德路三段一五五巷四弄三五號三樓 in8686.shihlin@msa.hinet.net	（03）451-5811#273 （02）25781575
陳邦禎	臺灣藝術大學通識 教育中心	臺北市興隆路四段一巷七九號二樓	（02）29390166 （02）2272-2181# 592、593
陳惠茵		臺中市民權路四六六巷五號八樓之七	（04）2059560
張春榮	國立臺北教育大學 語文學系	臺北市金山南路一段一五九巷二一號一樓 chang357@tea.neue.edu.tw	（02）2357-7046 （02））2732-1104# 2232、2233
張秀烈	漢城暻園大學中文系	韓國漢城市拙坡區新川洞二〇之四真珠 Apt，八之九〇二	（82）02-417-7687
郭鶴鳴	臺灣師大國文學系	臺北縣新店市永業路八一巷三四號一樓	（02）29154551
馮永敏	臺北市立教育大學 中國語文學系	臺北市重慶南路三段五四巷五號二樓 Fym2118@tmue.edu.tw	（02）2337-5155 （02）2309-3099 （02）2311-3040#4945
黃美玲	交通大學通識教育中心	新竹清大西院五九號二樓	（035）711401 （035）712121#52712

黃端陽	薇閣中學	桃園縣龜山鄉萬壽路一段三九六巷三號七樓之四	（02）8209-1856 0931-381-141
許琇禎	臺北市立教育大學中國語教系	臺北市金門街二四巷七之五號三樓 hhc@tmue.edu.tw	（02）2367-0253 （02）3113040`4431
許愛蓮	基隆中學	基隆市仁愛區南新街二五四號之二 Jennifer@talentkids.org	（02）2458-2051#323(O) （02）2423-8398（H） 0922-492-078
溫光華	花蓮教育大學語教系	臺北縣中和市景安路一七七巷一二號二樓	（03）835-4845（O） （02）894-23647（H） （02）224-86807 0922-492-093
蔡宗陽	臺灣師大國文學系	106 臺北市大安區青田街一二巷八號一樓	（02）23965370 0928-226-198
蔡美惠	臺北商業科技大學	臺北市石牌路一段三九巷八○弄四一號三樓	（02）2820-5392 （02）2322-6083 0921-176-222
鄭美慧	慈濟護專人文室	花蓮市德興一四三之一○○號	（038）572158~305
鄭文玄	宜蘭中山國小資訊組長	宜蘭崇聖街四號（中山國小） 宜蘭頭城鎮三和路五○三巷六號（家） lustwolf@ilc.edu.tw	（03）932-2064（O） （03））977-0370（H） 0937-965-384
劉懋君	致理技術學院通識教育中心	106 臺北市和平西路一段一七○號七樓	（02）2303-8832 （02）2257-6167#316（O）

劉　渼	臺灣師大國文學系	May Liu 150 Oak Street, San Francisco, CA94102 mayliutw@yahoo.com.tw t21033@ntnu.edu.tw	(02) 2934-1526 (H) (02) 2362-5270#824 (O) 0933-156-460
劉美蕙	臺北市麗湖國小	臺北市內湖區安興街一四號一樓	(02) 8790-1016 (02) 2634-3868 0916-087-713
諸海星	韓國啓明大學中文系	韓國大邱辛南區鳳德三洞一三二七之七〇(二樓)	(053) 473-7807
盧瑩通	高雄師大國文學系	802 高雄市苓雅區和平一路一一六號 高雄師範大學國文學系	(07) 717-2930#2569
錢文星	師大附中（退休）	臺北市復興南路二段二七號四之九	(02) 2733-5973 0930-843-233
薛瑩瑩	臺北市立北一女中	臺北縣新店市二〇張路九八巷二弄一號二樓 yyh@fg.tp.edu.tw	(02) 2733-5973 (02) 2382-0484#101
蕭淑貞	聖約翰技術學院 全人教育中心	臺北縣 25135 淡水鎮淡金路四段四九九號 臺北縣蘆洲鄉長安街二〇二號七樓之三 n222@mail.sjsmit.edu.tw	(02) 2801-3131#6924 (02) 2289-7165
顏賢正	台雷公司企劃處	高雄市小港區松南街七號	(07) 801-0038 (02) 2366-6482 (O)
顏瑞芳	臺灣師大國文學系	臺北市和平東路一段一六二號（臺師大國文系） 台北市青田街七巷十二弄五號四樓 t21008@ntnu.edu.tw	(02) 2393-3611 (H) (02)2362-5270#843(O)

魏王妙櫻	德霖技術學院通識教育中心	臺北市中山北路二段一一五巷二二號一一樓（中山園中園） wwmy@dlit.edu.tw	（02）2508-4836 （02)2562-2620（H.Fax） （02）2273-3567#108 (O) 0910-950-893
朴泰德	韓國漢城水原大學	韓國首爾市（漢城）水原大學中文系	（82）31-3077697（H） （82）31-2202362（O）
崔家瑜	東吳大學秘書處秘書	臺北私立東吳大學秘書處	（02）2823-1386 0952-552-348
呂新昌	萬能科技大學通識教育中心	桃園市中央街四二號	（03）333-2051 0937-970-823